60 Jahre Jugendfilm

60 Jahre
1934-1994
Jugendfilm

Herausgeber
Jürgen Wohlrabe

Text
Steffen Damm

Nicolai

Redaktion: Carolin Hilker-Siebenhaar
Gestaltung: Dorén + Köster, Berlin
Satz: Offizin Götz Gorissen, Berlin
Lithos: O.R.T. Kirchner GmbH, Berlin
Druck und Bindung: Passavia GmbH, Passau

Für den Text wurden Teile eines Manuskripts
von Erich Kocian verwendet

Printed in Germany
ISBN 3-87584-530-7

Inhalt

Vorwort

Das Filmgeschäft ist immer mit einem großen Risiko verbunden. Ob man nun Walt Disney, Metro Goldwyn Mayer oder Jugendfilm heißt – stets gleicht die Auswahl der Filme, die vermeintlich dem Publikumsgeschmack entsprechen, einem Balanceakt sondergleichen.

Filme, die man als eher »klein« einstuft, erweisen sich plötzlich als große Kassenrenner; andere, in die hohe Erwartungen gesetzt werden, spielen weit unter ihrem Niveau an der Kinokasse.

Daß ein deutscher Filmverleih in dieser Branche seit nunmehr sechzig Jahren zu bestehen weiß, ist nicht nur eine Seltenheit, sondern – sind wir mal ehrlich! – ein Ereignis an sich.

Die Firma Jugendfilm, seit sechs Jahrzehnten in Familienbesitz, hat all die Widrigkeiten des Filmgeschäfts zu meistern verstanden. Das mag nicht zuletzt auch das Verdienst der Wohlrabe-Familie sein, die seit 1934 die Geschicke dieses einst als Märchen- und Kinderfilmverleih gegründeten Betriebs in dritter Generation leitet.

Dieses Buch soll einen kleinen Überblick über sechs Jahrzehnte Verleihgeschichte vermitteln und letztlich auch ein Dank an all die Mitarbeiter sein, die im Lauf der Jahre – trotz oft rauher und stürmischer See – durch ihren unermüdlichen Einsatz zum Erfolg des Unternehmens beigetragen haben. Sie haben all die Höhen und Tiefen, Erfolge, aber auch Mißerfolge, miterlebt. Die vorliegende Schrift erzählt in Wort und Bild den Werdegang des Hauses von den Anfängen bis zur Gegenwart.

Unser Dank gilt nicht nur meinen beiden Vorgängern Willy und Dr. Karl Friedrich Wohlrabe, die Jugendfilm aufgebaut und über lange Jahre geprägt haben, sondern auch all unseren Partnern auf nationaler wie internationaler Ebene. Außerdem den vielen Kinobesitzern, Produzenten, Verleihern, Händlern, Regisseuren, Schauspielern und nicht zuletzt dem Publikum, das uns über sechzig Jahre hinweg die Treue gehalten hat.

Jürgen Wohlrabe, im Juni 1994

BUNDESREPUBLIK DEUTSCHLAND
DER BUNDESKANZLER

Bonn, den 19. Mai 1994

Herrn
Jürgen Wohlrabe
Geschäftsführender Gesellschafter der
Firma Jugendfilm
Reichsstr. 15

14052 Berlin

Sehr geehrter Herr Wohlrabe,

zum 60jährigen Jubiläum der Firma Jugendfilm möchte ich Ihnen meine Glückwünsche übersenden und dabei meine Anerkennung für das über sechs Jahrzehnte beeindruckende Wirken von Jugendfilm zum Ausdruck bringen. Jugendfilm steht mit seiner Kontinuität sichernden Familientradition, mit dem Festhalten am Standort Berlin und mit seinem geschickten Aufspüren von Trends als ein Beispiel für erfolgreiches Firmenmanagement in einer Branche, die von starkem Konkurrenzdruck geprägt ist. Die neuen Konzepte von Jugendfilm wie z.B. die Auswertung der "Asterix"-Filme bieten auch für die Zukunft eine gute Grundlage im internationalen Wettbewerb. In diesem Sinne wünsche ich Ihnen sowie Ihren Mitarbeiterinnen und Mitarbeitern für die anstehenden Projekte alles Gute.

Mit freundlichen Grüßen

BUNDESMINISTERIUM FÜR WIRTSCHAFT
DER BUNDESMINISTER

Bonn, den 31. Mai 1994

An den
Geschäftsführer der Jugend-
film Verleih GmbH
Herrn Jürgen Wohlrabe
Reichstraße 15

14003 Berlin

Lieber Herr Wohlrabe,

ich freue mich außerordentlich, daß ich Ihnen heute in meiner Eigenschaft als Bundesminister für Wirtschaft und Landesvorsitzender der Berliner F.D.P. zu dem 60jährigen Geburtstag des Jugendfilmverleihs am 24. Juni 1994 meine herzlichsten Glückwünsche übermitteln kann.

Sie sind nicht nur ein vielen bekannter redegewandter Berliner Politiker, der jahrelang die Position Berlins im Deutschen Bundestag in Bonn mit großer Bravour behauptet hat, sondern zugleich auch ein erfolgreicher Berliner Unternehmer, der sich als Verleiher von zahlreichen deutschen und ausländischen Jugend-, Kultur- und Kinofilmen einen Namen weit über Deutschland hinaus gemacht hat.

Viele Jahre gemeinsamer Arbeit und persönliche Begegnungen verbinden uns. Mein besonderer Dank und meine Anerkennung gilt Ihnen als Berliner Unternehmer, daß Sie den als Spezialverleih für Jugendfilme vor 60 Jahren von Ihrem Großvater in Berlin gegründeten Filmverleih, dem Sie seit 1978 als Geschäftsführer vorstehen, stets als Berliner Firma fortgeführt und ausgebaut und zusätzlich seit längerem in Berlin ein Produktionsstandbein aufgebaut haben.

Mit meinen besten Wünschen für ein langes und erfolgreiches Weiterbestehen des Jugendfilm Verleihs grüße ich Sie herzlich.

Mit freundlichen Grüßen

Ihr
Günter Rexrodt

Villemombler Straße 76, 53123 Bonn
Postanschrift: 53107 Bonn

Telefon: (0228) 615-23 56
Telefax: (0228) 615-44 32

EBERHARD DIEPGEN
Regierender Bürgermeister von Berlin

Berliner Rathaus
10173 Berlin
Telefon (0 30) 24 01 - 0

im Juni 1994

Lieber Jürgen Wohlrabe,

Der gestiefelte Kater oder der Dieb von Bagdad - die Bilder aus Filmen, die wir in der Kindheit gesehen haben, bleiben uns in der Erinnerung erhalten. Der Film hat sich damit schon vor langer Zeit, neben dem Buch, als Medium einen festen Platz in den Kinderstuben erobert. Die klassischen Märchen, Sagen, Erzählungen werden so schon früh in unserem Gedächtnis lebendig. Es kommt daher darauf an, die wertvollen und wichtigen Sujets im Kinder- und Jugendfilm zu fördern und zu unterstützen.

Diesem Ziel hat sich der Berliner Filmverleih Jugendfilm gewidmet, der in diesem Jahr seinen 60. Geburtstag feiert. Unter der Regie des Gründervaters, dem ehemaligen Erziehungsdirektor Wohlrabe, zeigte der Verleih Verfilmungen von Märchen der Brüder Grimm oder auch viele Astrid-Lindgren-Adaptionen. Auch heute noch strebt der Verleih danach, anspruchsvolles Kino zu ermöglichen. Ich freue mich, daß zusätzlich zum Verleih mittlerweile eine Produktionsfirma gegründet wurde, die heute auf dem Prenzlauer Berg ein internationales Zeichentrickfilm-Studio betreibt. Damit besitzt Berlin ein weiteres interessantes Filmatelier, das seinen Rang als vielfältige Film-Stadt in Deutschland unterstreicht.

Zum runden Geburtstag gratuliere ich dem Berliner Traditions-Verleih sehr herzlich und wünsche ihm für die Zukunft weiterhin ein buntes, unterhaltendes und qualitativ anregendes Programm.

Mit freundlichen Grüßen

Eberhard Diepgen

SPITZENORGANISATION DER FILMWIRTSCHAFT E.V.

Sehr verehrter, lieber Herr Jürgen Wohlrabe,

eine 60-jährige Firmentradition, insbesondere in der Filmbranche, ist ein Ereignis, das im Rahmen der noch nicht einmal 100-jährigen Geschichte des Kinos und des Films von besonderer Bedeutung ist. Wenn, wie im Falle des Jugendfilm-Verleihs, am 24. Juni 1994 Sie als der jetzige Inhaber und Geschäftsführer auf eine 60-jährige Firmentradition zurückblicken, so ist dies gleichzeitig ein Rückblick auf eine 60-jährige Familientradition.

1934 gründete Willy Wohlrabe dieses Unternehmen, das sich speziell dem Kinder- und Märchenfilm widmete. Von "Schneewittchen und die sieben Zwerge" als erster verliehener Spielfilm reicht die Titelliste bis zu Erfolgen wie "Ronja Räubertochter" und "Pipi Langstrumpf". Mit verursacht durch einschränkende Jugendschutzbestimmungen, die ab 1957 galten, erweiterte der damalige Firmenchef die Angebotspalette seines Hauses auch auf andere aktuelle Spielfilme.

Der zweite Firmenchef, Dr. Karl-Friedrich Wohlrabe, übernahm 1962 die Unternehmensleitung und erweiterte die Angebotspalette seines Hauses auf den Bereich der Zeichentrickfilme der Asterix-Serie. Mit diesem Genre konnten sehr erfolgreiche Geschäfte zum Wohle der deutschen Filmtheater ebenso wie für den Verleiher und nicht zuletzt dem jungen und jung gebliebenen Publikum realisiert werden.

Sie, lieber Herr Wohlrabe, als der dritte und jetzige Firmenchef übernahmen 1978 die Geschäftsleitung. Mit Ihnen kam wiederum ein Wandel in der Angebotspalette des Jugendfilm-Verleihs zum Tragen. Mit dem von Ihnen proklamierten Strahlen-Prinzip fächerten Sie das Angebot Ihres Hauses auf, indem Sie internationale Großproduktionen amerikanischer, italienischer und französischer Herkunft in Ihren Verleih nahmen. Um die Tradition der Asterix-Filme fortzusetzen, wurde von Ihnen darüberhinaus die Produktionsfirma Extrafilm GmbH gegründet, die für den eigenen Jugendfilm-Verleih neue Asterix-Filme als deutsche Produktionen herstellte und durch Jugendfilm in Welturaufführung herausbrachte.

Mit dem zum Jahresende 1991 erfolgten Büro-Umzug aus dem langjährigen Domizil in der Lietzenburger Straße in die neuen eigenen Räume in der Berliner Reichsstraße wurde auch auf diesem Wege zum Ausdruck gebracht, daß die Firma Jugendfilm-Verleih als großes und bedeutendes deutsches Verleihunternehmen sich mit seinem breiten Angebot der Konkurrenz der amerikanischen Majors durchaus stellen kann.

Im Namen der Spitzenorganisation der Filmwirtschaft gratuliere ich Ihnen zum Firmenjubiläum sehr herzlich, verbunden mit guten Wünschen für eine weiterhin so erfolgreiche Arbeit zum Wohle der deutschen Filmwirtschaft und zu Ihrem eigenen.

Ihr Franz Seitz

Präsident

VERBAND DER FILMVERLEIHER E.V.

HAUPTGESCHÄFTSSTELLE

Verband der Filmverleiher e.V. • Postfach 5703 • 65047 Wiesbaden

Kreuzberger Ring 56
65205 Wiesbaden
Telefon: (0611) 7 78 92 - 0
Telefax: (0611) 7 78 92 - 12
Bankverbindung:
Dresdner Bank Wiesbaden
(BLZ 510 800 60)
Kto.-Nr. 273 922 00
Postgiroamt:
Frankfurt / M.
(BLZ 500 100 60)
Kto.-Nr. 154 290 - 601

Herrn
Jürgen Wohlrabe
c/o Jugendfilm Verleih GmbH
Reichsstraße 15

14003 Berlin

Ihre Zeichen	*Ihr Schreiben vom*	*Unsere Zeichen*	☎ *Direktwahl*	*Datum*
			7 78 92 -	17. Mai 1994

"...The Oscar goes to Jürgen Wohlrabe und seine Jugendfilm."

Verdient hat er diese Auszeichnung. Im Markt ist diese Bestätigung bereits erfolgt. In der heutigen Zeit ist es schon etwas Außergewöhnliches, das 60-jährige Firmenjubiläum einer deutschen Filmverleihfirma zu feiern, zumal ein großes internationales Angebot im liberalen deutschen Markt es nicht einfach machte, hier zu bestehen. Der Name Wohlrabe steht für Marktnähe. Junge und jung-gebliebene Menschen sind immer bewegt worden, um ins Kino zu gehen.

Mit seiner sprichwörtlichen Hingabe und Kreativität versteht es Jürgen Wohlrabe immer wieder, erfolgreich seine Ideen umzusetzen. Seine Reputation in Deutschland und in Hollywood ist unumstritten. Kraft seiner Persönlichkeit hat er sich und seiner Firma ein eigenes Profil gegeben.

- Selbstverständlich hat er sich politisch engagiert.
- Selbstverständlich hält er an dem Standort Berlin fest.
- Selbstverständlich verteidigt er unsere Industrie, weil er weiß, daß sie zu den wenigen Wachstumsmärkten der Zukunft gehören wird.

Lieber Jürgen Wohlrabe, wir alle wünschen Ihnen und Ihrem Jugendfilm-Team, daß Sie sich auch in Zukunft weiterhin so persönlich und dynamisch engagieren.

Als Chairman der US-Majors und geschäftsführendes Vorstandsmitglieds des Verbandes der Filmverleiher gratuliere ich Ihnen sehr herzlich zum 60-jährigen Bestehen Ihrer Jugendfilm.

"...The Winner is Jürgen Wohlrabe."

Ihr Jürgen Schau

Jürgen Schau

Constantin-Film

GESCHÄFTSFÜHRUNG

Constantin-Film Verleih-, Vertriebs- und Produktionsgesellschaft m. b. H.
1071 Wien, Siebensterngasse 37
Postfach 125
Telefon: 93 13 53-55
Telex: 131266 cowi a
Telefax: 93 14 02
Schoeller & Co. Bank AG.
BLZ: 19200 Konto Nr. 30130803
DVR: 0391298

An die
JUGENDFILM Verleih GmbH
Reichsstraße 15

D 14052 B e r l i n

Wien, den

20.6.1994

Sehr geehrter Herr Wohlrabe,
lieber Geschäftsfreund,

wir freuen uns, daß wir als langjährige Partner mit dabei sind - beim 60-jährigen Jubiläum der Jugendfilm - , ein der stolzen Zahl entsprechend sehr gewichtiges Fest für diese Branche!

Jugendfilm - seit Generationen in fester Hand der Familie Wohlrabe - hat immer Schritt gehalten mit dem Puls der Zeit und wird somit dem Firmentitel JUGENDFILM mehr als gerecht. Und das ist nicht zuletzt auf den Mann zurückzuführen, der dieses Unternehmen heute führt: Jürgen Wohlrabe, ein schöpferisch denkender und im wahrsten Sinne handelnder Unternehmer - eine echte Persönlichkeit!

Läßt man all die Jahre unserer Zusammenarbeit Revue passieren, ist aus der geschäftlichen Beziehung eine Freundschaft erwachsen, die vor allem auf das im Laufe der Zeit entstandene gegenseitige Vertrauen basiert. Es stand immer an erster Stelle, und dafür möchten wir heute besonders danken.

Zum 60-jährigen Jubiläum gratulieren wir sehr herzlich und wünschen weiterhin frohes Schaffen.

In diesem Sinne
Ihre
CONSTANTIN-FILM

Komm.-Rat A. Langhammer Ing. Chr. Langhammer

LES ÉDITIONS ALBERT RENÉ

Paris, le 2 juin 1994

Il m'est impossible d'oublier que la carrière cinématographique d'Astérix en Allemagne est due principalement à Monsieur Karl Friedrich qui, à travers la Société Jugendfilm Verleih GmbH qu'il dirigeait, a fait naître l'énorme succès que l'on connaît dans la République Fédérale d'alors.

Il n'est qu'à se souvenir des écrans d'or et celui de diamant qui ont accompagné ce succès au fil des années.

Monsieur Jürgen Wohlrabe a succédé avec brio à son oncle dans cette aventure, qui se poursuit encore actuellement avec la réalisation d'un 7e film en voie d'achèvement et qui aura, je l'espère, autant de bonheur que les précédents.

Qu'il me soit permis de leur adresser à tous deux la gratitude que nous leur devons et l'amitié qui n'a jamais fait défaut entre nous. J'y joins tous mes voeux de longue durée pour le 60e anniversaire de Jugendfilm Verleih GmbH.

26, AVENUE VICTOR HUGO · 75116 PARIS
TÉL. (1) 45 00 41 41 · TÉLÉCOPIEUR (1) 40 67 95 12
S. A. R. L. AU CAPITAL DE 1.200.000 FRS · R. C. S. PARIS B 950 026 757
NUMÉRO D'IDENTIFICATION T.V.A. : FR 93 950 026 757

MDP
WORLDWIDE

MARK DAMON
President

May 2, 1994

Juergen Wohlrabe
JUGENDFILM-VERLEIH GmbH
Berlin
GERMANY

Dear Juergen:

From THE FINAL COUNTDOWN to the COTTON CLUB, from ONCE UPON A TIME IN AMERICA to 9 1/2 WEEKS, and even to MR. MOM, we have gone a long way together, and shared the joys of success, as well as the occasional disappointments.

But you have never disappointed anyone by giving up on a film.

Your love of film distribution, your dedication to marketing perfection and your determination to capitalize on every single possibility to make a film a success, has won you the admiration of all your clients, and all your peers. And especially of yours truly.

Congratulations on JUGENDFILM's 60th and on all of your personal triumphs.

I am proud to know you, and to continue to work with you.

Very personally yours,

Mark Damon

Mark Damon

P.S. Let's hope our next big success together will be the Jean-Claude Van Damme starrer, THE QUEST.

1875 CENTURY PARK EAST SUITE 450 LOS ANGELES, CA. 90067
TEL: 310 843 0900 FAX: 310 843 9010

22nd April 1994

Dear Jurgen,

Sincerest congratulations on the 60th Anniversary of Jugend Films. Your courage and commitment as a distributor have been invaluable over the last ten years from THE LAST EMPEROR to LITTLE BUDDHA.

I wish you many happy years and every success.

Warmest regards

JEREMY THOMAS
and everyone at Recorded Picture Company Ltd.

RECORDED PICTURE COMPANY LIMITED
8-12 BROADWICK STREET, LONDON W1V 1FH, TELEPHONE: 071-439 0607 TELEX: 9419035 Record G FAX: 071-434 1192

LIGHTSTORM
ENTERTAINMENT

May 18, 1994

Mr. Jurgen Wohlrabe
Jugendfilm-Verleih GmbH
Reichstrasse 15
14052 Berlin, Germany

Dear Jurgen,

Congratulations on Jugendfilm's 60th anniversary! As an independent production company I understand the pitfalls of going it "alone" in this industry without the safe haven provided by a major studio for product, financing, etc. I applaud the entrepreneurial spirit and cinematic passion that led you and your family to found Jugendfilm as well as the taste, talent and business acumen that has allowed you to flourish in the ever-changing world of international feature film distribution. It is an honor and a pleasure to have you handling Lightstorm's films in Germany.

I look forward to delivering "True Lies" to you this summer.

Sincerely,

James Cameron

919 SANTA MONICA BOULEVARD SANTA MONICA CA 90401 TEL 310 587 2500

»Der Film ist immer eine riskante Geschichte ...«

Ein Rückblick auf 60 Jahre Jugendfilm

Prolog: Balanceakt zwischen Markt und Muse

Es ist gewiß nicht ohne tiefere Bedeutung, daß ausgerechnet das älteste deutsche Filmverleihunternehmen den Namen Jugendfilm trägt. Denn von der langjährigen Tradition des Wohlrabeschen Familienbetriebs einmal abgesehen, der – inzwischen in der dritten Generation – in diesem Jahr seinen sechzigsten Geburtstag feiert, dürften die Trapezakte der Filmbranche ein vergleichsweise hohes Maß an jugendlicher Frische erfordern. Mag die Firma auch dem würdevollen und eher gesetzten Pensionsalter entgegenblicken, so kann doch von Ermüdungserscheinungen keine Rede sein.

Im Gegenteil: Wer sich wie Jürgen Wohlrabe, der siebenundfünfzigjährige Kopf, Vordenker und Motor des Unternehmens, im zunehmenden Verdrängungswettbewerb des Unterhaltungs- und Medienmarktes zu behaupten trachtet, kommt ohne jugendliches Ungestüm, ohne den ungebrochenen Mut zum Risiko nicht aus. Gleicht doch schon das Spektrum der unternehmerischen Aufgaben, die weit über das Verleihen und Promoten von Kinofilmen hinausgehen, einem immerwährenden Spagat zwischen Markt und Muse.

Dieser ohne Zweifel heiklen, bisweilen auch halsbrecherischen Vermittlerfunktion verdankt der Filmverleiher sein eigentliches Credo: Er ist ein Manager par excellence, der, ohne selbst etwas herzustellen, seinen Klienten (den Filmen, Schauspielern und Regisseuren) zu gesteigerter Wirkung verhilft. Er selbst, der für all den Aufwand verantwortlich zeichnet, der das schillernde Räderwerk erst in Gang bringt und in Bewegung hält, bleibt am Ende unsichtbar. Nichts könnte treffender die Haltung bezeichnen, die der Filmverleiher im Hintergrund der lärmenden und glänzenden Illusionsmaschine ›Kino‹ einnimmt. Es ist eine dienende Funktion, deren kreative Leistung vor allem darin besteht, zur Geltung zu bringen, was vorher keine hatte. Man könnte sogar philosophisch werden und sagen: Der Filmverleiher macht allererst sichtbar, was bis dahin noch ungesehen – also im Grunde überhaupt nicht existierte. Sein Prüffeld ist die öffentliche Meinung. Vor ihr allein, im Kinosaal, haben ›seine‹ Filme sich zu behaupten. Daß bei diesem Vabanquespiel in aller Bescheidenheit auch gutes Geld verdient werden kann, sei hier nur augenzwinkernd und ganz am Rande vermerkt; als eine der angenehmeren Begleiterscheinungen der Branche, die freilich die skizzierten Kardinaltugenden des Filmverleihers um den nicht unwesentlichen Aspekt der Geschäftstüchtigkeit ergänzt. Er schleppe eine Menge Schulden mit sich herum, um große Filme anzubieten und sich damit wirtschaftlichen Erfolg zu verschaffen, sagt Jürgen Wohlrabe in der ›Frankfurter Allgemeinen Zeitung‹ anläßlich der Premiere seines Bertolucci-Films *Little Buddha* auf der Berlinale 1994. Und schon im nächsten Satz bringt er sein Berufsethos auf eine so einfache wie treffsichere Formel: »Ich versuche, aus jedem Film ein Ereignis zu machen.«

I. Der Pionier.

Willy Wohlrabe oder die Gründerzeit des Jugendfilm-Verleihs

Willy Wohlrabe (1883–1962)

Wie jede Legende beginnt auch die Geschichte des Familienunternehmens Wohlrabe in bescheidenem Maßstab. In diesem speziellen Fall jedoch scheint sie zudem aus purer Neigung begonnen zu haben. Willy Wohlrabe, ein passionierter Pädagoge und eingefleischter Sozialdemokrat, sah sich im Jahre 1933 aus naheliegenden Gründen genötigt, sein Amt als Erziehungsdirektor aufzugeben. Als offizielle Begründung führten die damaligen Machthaber seine ›politische Unzuverlässigkeit‹ an – ein Urteil, das wohl eher auf Wohlrabes beharrliche Weigerung anspielen dürfte, sich und seinen Beruf in den Dienst des herrschenden Systems zu stellen. Auf der Suche nach einem neuen Betätigungsfeld verfiel sein aufklärerischer Instinkt auf das damals noch junge Medium Film. Hatte Wohlrabe doch bereits 1925 im Jugendamt seiner Heimatstadt Chemnitz regelmäßig Kinderfilmaufführungen organisiert. Sein cineastisches Interesse richtete sich dabei vor allem auf den erzieherischen Einfluß der bewegten Bilder, die denn auch die kleine Schar alsbald in ihren Bann zogen. Sicher ein eindrucksvoller Beleg für das persönlichkeitsbildende Potential sinnlich-konkreter Anschauung.

Voraussetzung für den Erfolg dieser sanften Form der Überredung war indessen eine Programmgestaltung, die Wohlrabes humanistisch geprägten pädagogischen Prämissen entgegenkam. Hier kommt das zweite Motiv ins Spiel, das neben dem ausgeprägten Bewußtsein für die Chancen und Möglichkeiten des neuen technischen Mediums für die Volksbildung im Jahr 1934 zur Gründung des Jugendfilm-Verleihs führte: Willy Wohlrabe war ein begeisterter Leser von Märchen und Sagen. So erscheint es nur konsequent, daß die ersten Jugendfilm-Programme von diesem traditionsreichen Genre geprägt waren. Nachdem Wohlrabe gemeinsam mit August Friedel und Max Büttner seinen Verleih in Berlin aus der Taufe gehoben hatte, bemühte er sich erfolgreich bei allen führenden deutschen Märchenfilm-Produzenten um die Aufführungsrechte und brachte *Schneewittchen, Hänsel und Gretel,* den *gestiefelten Kater* (der erste Märchenfilm mit echten Schauspielern, der in Farbe gedreht wurde) und eine Vielzahl anderer ›Kinderhelden‹ in die Kinos. Seit der Stummfilmzeit soll es kaum einen Märchenfilm gegeben haben, den Wohlrabe nicht inmitten seines staunenden und fiebernden Publikums buchstäblich miterlebte. Er war das beste Beispiel dafür, daß das sogenannte Märchenalter eines Menschen nicht bloß vom vierten bis zum achten Lebensjahr andauert, sondern ganz ebenso, als eine Flaschenpost aus Kindertagen, im Erwachsenen schlummert. Das wohl wichtigste Pfund, mit dem der Pädagoge als professioneller Filmverlei-

V. l. n. r.: Karl-Friedrich Wohlrabe, Hans Hermsdorf, Alfred Kamm und Gerhard Theurich

her wuchern konnte, war, wie man sieht, seine eigene Erfahrung.

Als Wohlrabe im Jahr 1958 das Bundesverdienstkreuz verliehen wurde, hieß es in der Laudatio des Berliner Senats: »Er hat das Schlechte von den Kindern ferngehalten und dem Wertvollen stets den Weg geebnet.« Rückblickend darf hinzugefügt werden: nicht nur von den Kindern. Denn als Sozialdemokrat galt seine Aufmerksamkeit nicht weniger den Verfolgten des Nazi-Regimes. Sein Stab bestand hauptsächlich aus Mitarbeitern, die unter den Repressionen der politischen Machthaber zu leiden hatten; darunter etwa Hans Hermsdorf, der spätere Bundestagsabgeordnete und Referent des SPD-Parteivorsitzenden Erich Ollenhauer. Der inzwischen hochbetagte Freund und Weggefährte Willy Wohlrabes avancierte, nebenbei bemerkt, im Verlauf seiner Karriere zum Präsidenten der Landeszentralbank in Hamburg. Als Zeitzeuge jedoch, als einziger Überlebender aus der Gründungsphase des Unternehmens, genießt er heute das Ansehen eines erfahrenen Chronisten und Geschichtenerzählers, dessen Gedächtnis beinahe das gesamte Jahrhundert umspannt. So versteht es sich von selbst, Hans Hermsdorf – dem Mann der ersten Stunde – anläßlich des sechzigsten Firmenjubiläums die gebührende Referenz zu erweisen.

Willy Wohlrabe war stets darauf bedacht, die Dokumentar- und Schulungsfilme seines Hauses von offiziellem Propagandamaterial freizuhalten. Daß es dem Pionier des Märchenfilms, der nebenbei auch noch zu den Gründervätern der deutschen Jugendherbergen zählte, geglückt ist, seinen Verleih als einen Hort des Humanismus unbeschadet durch die finsteren Zeiten zu bringen, darf von heute aus gesehen mit Fug und Recht als Wohlrabes Meisterstück gelten. Vielleicht kommt eines Tages ein findiger Produzent auf den Gedanken, seinen Lebensweg als modernes Märchen zu verfilmen – etwa als Remake des *tapferen Schneiderleins.* Denn immerhin hatte Wohlrabe im Verlauf seiner Karriere nicht wenige Prüfungen zu bestehen. Überblickt man die

Jahre 1934 bis 1945, so drängt sich unweigerlich der Verdacht auf, hier habe einer beharrlich und in aller Stille ein persönliches Gegengewicht zum ideologischen Kulturbegriff der selbsternannten ›Herrenrasse‹ geschaffen. Ein kurzer Streifzug durch die Jugendjahre des Unternehmens wird diesen Eindruck bestätigen.

Die Fabrikation der Fiktionen

Nachdem sich Wohlrabe mit einem für die damaligen Verhältnisse einmaligen Programmangebot einen Namen in der Branche gemacht hatte, konnte er Ende der dreißiger Jahre mit diversen Spielfilmen erste große Erfolge auch auf diesem Sektor verbuchen. Da Berlin, das ja bis heute der Stammsitz des Unternehmens geblieben ist, zumindest in den ersten Kriegsjahren nicht unmittelbar von den Zerstörungen betroffen war, verlief der Verleih auch während des Kriegswinters 1939/40 – wenn man so will – ›normal‹. Insgesamt zwölf Märchenfilme sowie eine große Anzahl von (Puppen-)Kurzfilmen standen auf der Verleihliste. Hinzu kamen Jugend-Spielfilme wie *Kampf um den Himalaja, Wir fahren nach Amerika, Krambambuli – Geschichte eines Hundes* sowie (als geheimes Kontrastprogramm zur arischen Generallinie) *Sehnsucht nach Afrika – Deutsche Jugend bei Bengt Berg.*

Beim Publikum fanden in diesen Jahren die Filme des dänischen Komikerpaars Carl Schenström und Harald Madsen großen Anklang. Besser bekannt waren (und sind) die beiden allerdings als ›Pat und Patachon‹ – sozusagen die skandinavische Variante von Stan Laurel und Oliver Hardy. Zumindest bemühte sich die europäische Filmkritik beflissen darum, die beiden Dänen als Vorläufer des legendären amerikanischen Duos ins Spiel zu bringen. Jugendfilm hatte sich beizeiten die Rechte an *Pat und Patachon als Mädchenräuber* sowie *Pat und Patachon als blinde Passagiere* gesichert. Der Produzent Hubert Schonger, einer der namhaftesten Vertreter seiner Zunft und Wohlrabe von Anfang an freundschaftlich verbunden, drehte seit 1938 diverse Kurz- bzw. Beifilme für Jugendfilm. Besonders in den Kriegsjahren kamen dann etliche Puppenfilme, 1942 *Das tapfere Schneiderlein,* hinzu. 1948 drehte Schonger *Der kleine Däumling, Das tapfere Schneiderlein* und *Frieder und Catherlieschen.* Viele weitere Märchen sollten folgen.

Bereits das fünfjährige Jubiläum des jungen und erfolgreichen Unternehmens gab Anlaß zu einer ersten selbstbewußten Bilanz, die denn auch standesgemäß mit einer Dampferfahrt von Berlin nach Potsdam gefeiert wurde. Der Betriebsausflug hatte einen guten Grund: In denkbar kurzer Frist hatte sich Jugendfilm zum führenden deutschen Verleih in Sachen Kinder- und Märchenfilm entwickelt. Mehr noch: Jugendfilm war zum Synonym für diese liebenswerten und eigenwilligen Genres geworden. Bemerkenswert scheint in diesem Zusammenhang auch die Tatsache, daß Wohlrabes Unternehmung zu den ersten gehörte, die den Zeichentrickfilm – heute immerhin eine der Domänen des Verleihs – für den deutschen Markt entdeckten. Als Pilotprojekt wurde im Jahr 1942 der Ulrich von Moellendorf-Film *Armer Hansi* realisiert. Er erzählt auf äußerst amüsante Weise die Geschichte eines Kanarienvogels, die vermutlich nur deshalb so wenig Nachfolger fand, weil ihre Herstellung – die Fabrikation der Fiktionen – allein 50 000 Reinzeichnungen erforderte.

Unbeugsamkeit und Understatement

Keinesfalls ist Willy Wohlrabe jedoch lediglich den Vätern des kindlichen Klamauks zuzuschlagen. Sein selbstgestellter Auftrag ging entschieden weiter. Was den heiteren, bisweilen auch rührendsentimentalen Filmen nur mit Kennerblicken anzusehen war, war der Umstand, daß sich Jugendfilm in den Jahren zwischen 1934 und 1945 zu einem der Zentren des passiven Widerstands gegen das Hitler-Regime entwickelt hatte. Fast hatte es den Anschein, als habe Wohlrabe das subversive Potential des Märchens auf die Identität seines Unternehmens übertragen können. Niemand, der in irgendeiner Form unter Ideologieverdacht stand, wurde von ihm engagiert. Im Gegenteil: Zu seinem zuverlässigen Mitarbeiterstab aus Vertretern und Angestellten gehörten nicht weniger als sechs Persönlichkeiten, die 1933 aus politischen Gründen ihrer Ämter enthoben wurden. Zu diesem Kreis zählten unter anderen der ehemalige Hamburger Gesandtschaftsrat in Berlin, Friedrich Bauer, der ehemalige sozialdemokratische Bremer Bürgermeister Carl Moewes oder der ehemalige Leiter der Abteilung Filmwesen beim Arbeiterbildungskartell in Leipzig, Alfred Ernst. Einige dieser Verfolgten waren für längere Zeit als sogenannte Schutzhäftlinge in Konzentrationslagern gewesen. Und obgleich Willy Wohlrabe mit weiteren Repressalien rechnen mußte, erklärte er sie zu seinen Vertrauten. Weit davon entfernt, seinem Verleih eine systemkonforme Tarnkappe überziehen zu wollen, weigerte er sich beharrlich, Filme in Auftrag zu geben oder zu verleihen, die das Wohlwollen der Regierungspartei fanden.

Immer wieder wurde in diesen Jahren von Seiten der NSDAP der Wunsch auf eine engere Zusammenarbeit, letztlich auf Kooperation mit dem Regime an Wohlrabe herangetragen. Selbst vor Versuchen, den Verleih durch systemkonforme ›U-Boote‹ zu infiltrieren, schreckte man dabei nicht zurück. Willy Wohlrabe indessen verteidigte stoisch seine Prämisse, ausschließlich tendenzlose Filme zu vertreiben. Eine Haltung, die er in der ihm eigenen Mischung aus Unbeugsamkeit und Understatement schlicht und einfach damit begründete, es sei nun einmal falsch, die Phantasie eines Kindes ideologisch einzuengen.

Im Jahr 1943 veranlaßten die NS-Führungsstellen das Pädagogische Institut der Universität Leipzig, großangelegte Untersuchungen über die Wirkung der fraglichen Filme auf Kinder unterschiedlicher Altersgruppen durchzuführen. Das Ergebnis entsprach offensichtlich nicht den Erwartungen, sondern schien vielmehr die pädagogischen Erfahrungen und Leitlinien Willy Wohlrabes zu bestätigen. Durch Fehlschläge wie diesen wurde Zeit gewonnen und die Unabhängigkeit des inzwischen auf 84 Mitarbeiter angewachsenen Unternehmens verteidigt. Zudem bestand ein erfreulicher, aus heutiger Perspektive fast schon erheiternder Nebeneffekt der Leipziger Untersuchungen in einer kostenlosen Publicity, die Wohlrabes strategisches Geschick denn auch klug zu nutzen wußte: Die marktbeherrschende Ufa wurde auf Jugendfilm aufmerksam und sicherte sich per Generalvertrag die Erstaufführungsrechte sämtlicher Programmteile für ihre Lichtspielhäuser in Deutschland. In den nord-, mittel- und ostdeutschen Verleihbezirken übernahmen schließlich auch rund 3000 Kinos, die nicht der Ufa angeschlossen waren, die Programme von Jugendfilm.

Vertrauen auf das Prinzip Hoffnung

Vier Auslieferungsstellen des Verleihs arbeiteten zu dieser Zeit in Sachsen, Schlesien, Westpreußen und Schleswig-Holstein. Die erst 1942 gegründete Leipziger Filiale wurde am 4. Dezember 1943 bei einem Luftangriff völlig zerstört. Einige Monate später fielen dann auch Bomben auf die Berliner Zentrale in der

Das Jugendfilm-Stammhaus in der Anhalter Straße 7. Im 5. Obergeschoß befanden sich von 1940 bis 1979 die Räume der Firma, die sich über drei Gebäude erstreckten

Anhalter Straße 7. Nur in wenigen Räumen konnte überhaupt weitergearbeitet werden. Um indessen allen Eventualitäten vorzubeugen, richtete Wohlrabe zwei Ausweichbetriebe in den Berliner Außenbezirken ein. Unsicherheit und Überlebensangst – diese Gefühlslagen dürften in etwa die Stimmung der Mitarbeiter beim zehnten Geburtstag ihres Unternehmens im Jahr 1944 widerspiegeln. Waren einerseits auch stattliche Erfolge zu verzeichnen, die unter besseren Umständen eigentlich Anlaß zu Selbstbewußtsein und Zuversicht hätten geben können, so wußte andererseits doch niemand recht, wohin die Reise gehen würde. Einstweilen blieb nur ein vages Vertrauen auf das Prinzip Hoffnung.

Willy Wohlrabe ließ sich auch in diesen wohl schwersten Tagen seines jungen Unternehmens nicht entmutigen. Er, der sein Leben dem Kinder- und Märchenfilm verschrieben hatte, bewahrte Haltung im Glauben an eine neue Generation. All jene beseelten und ergriffenen Kinder, die er wenigstens für die Dauer eines Kinobesuchs vor negativen Einflüssen bewahrt zu haben glaubte, würden in Deutschland einen neuen Anfang machen. Wenn er auf etwas stolz sein konnte, dann darauf, daß es ihm allen Repressalien zum Trotz gelungen war, ein junges Stammpublikum von zehn Millionen Besuchern im Jahr erreicht zu haben.

Der Stratege an der Zelluloidfront

Kinder- und Jugendfilme gab es inzwischen sowohl in abendfüllender Länge als auch im handlicheren Matineeformat. Neben den Märchen der Gebrüder Grimm wurden auch die des dänischen Dichters Hans Christian Andersen sowie Märchen von Wilhelm Hauff und Heinrich Seidel verfilmt. Das immer breiter und vielfältiger werdende Spektrum von Jugendfilm hatte allerdings zur Konsequenz, daß die Grenzen zum ›reinen‹ Kinderfilm nicht mehr in jedem Fall auszumachen waren. Denn natürlich hatte der Verleih nicht nur *Max und Moritz,* sondern auch *Dick und Doof* im Programm. Wohlrabe hatte sich vorgenommen, den Kinobesuch zu einem Ereignis für die ganze Familie zu machen. So förderte er einen Filmtypus, der sowohl die Kleinen erheiterte als auch das sprichwörtliche ›Kind im Manne‹ ansprach. Daß seine Konzeption auf ein Kontrastprogramm zur niederschmetternden und alles andere als amüsanten Realität abzielte, wird vor allem zu Beginn des Jahres 1945 deutlich. Ein schwerer Luftangriff hatte am 3. Februar die Berliner Innenstadt in eine Steinwüste verwandelt. Von allen Gebäuden in der Anhalter Straße blieb allein das Haus Nummer 7 stehen. Das traditionsreiche Berliner Filmviertel existierte nicht mehr. Und obwohl es nur eine Frage der Zeit zu sein schien, bis auch das letzte Haus dieses Quartiers dem Erdboden gleichgemacht sein würde, gab Wohlrabe nicht auf. Selbst während der Belagerung von Berlin wurde der Verleih fortgesetzt. Der Grund für dieses fast schon trotzige und überdies auch noch lebensgefährliche Festhalten am selbstgestellten Auftrag dürfte zuerst und zuletzt in Willy Wohlrabes Persönlichkeit zu sehen sein. Bis zur Unbelehrbarkeit überzeugt von der heilsamen Kraft seiner Filme, vertrat er den Standpunkt, daß ihre zutiefst menschenfreundliche, unkorrumpierbare Botschaft jetzt erst recht unters Volk gehöre. Überflüssig anzumerken, daß diese Position mit den hausbackenen Durchhaltevergnügungen des Propagandaministeriums keinesfalls zu verwechseln ist. Waren diese allein auf Ablenkung und Zerstreuung aus, so ging es Wohlrabe stets um die Bewahrung und Überlieferung der gefährdeten hu-

Rechts: Glückwunschkarte zum 20. Firmenjubiläum

20 JAHRE
24. JUNI 1954
JFV
JUGENDFILM
VERLEIH

Willy Wohlrabe (Mitte) im Gespräch mit Alfred Förster (rechts)

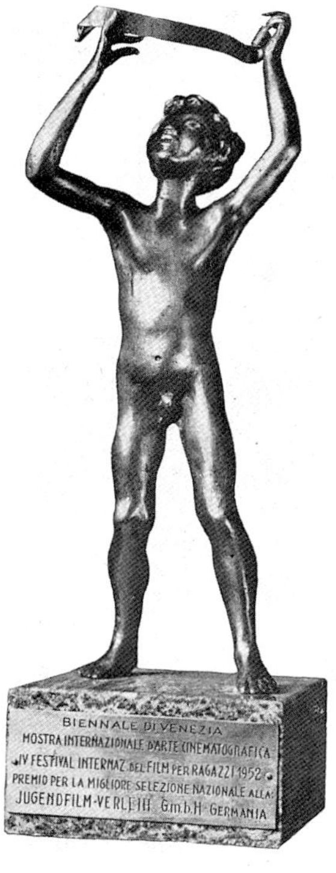

Die Biennale in Venedig zeigte anläßlich der IV. Internationalen Festspiele 1952 Filme für Jugendliche und verlieh den Preis für die beste nationale Auswahl an Jugendfilm

manistischen Restbestände. Nicht zu Unrecht wurde er später immer wieder als »der eiserne Mann des Märchenfilms« bezeichnet. Eine Formel, die einiges von der Sturheit wiederzugeben scheint, mit der Willy Wohlrabe als Stratege an der Zelluloidfront für den Sanftmut focht.

Neubeginn in einem wüsten Land

Bevor der erste Prinzipal des Familienunternehmens den Staffelstab an die nächste Generation weitergeben konnte, war freilich noch ein gutes Stück Arbeit zu meistern. Als die Luftangriffe zu Beginn des Krieges auch in Berlin zur Tagesordnung wurden, entschloß sich Wohlrabe zum Erwerb eines Wassergrundstücks an der Berliner Peripherie. Die gesamte Buchhaltung und Disposition von Jugendfilm wurde gegen Ende des Krieges vorübergehend nach Zeuthen in der Mark ausgelagert. Im Februar 1945 lag Berlin, der einstmals so vitale urbane Standort des Unternehmens, in Schutt und Asche. Überdies war nicht nur das gesamte Kapital von Jugendfilm, sondern auch der so wichtige ostdeutsche Markt verloren. Neue Filialen in Düsseldorf, Köln, München und Hamburg mußten erst aufgebaut werden. Der bevorstehende Neubeginn erforderte ein Höchstmaß an unternehmerischer Weitsicht. Da die Firma jedoch als politisch unbelastet angesehen wurde, erhielt Wohlrabe, nachdem er einige Zeit für das Volksbildungsministerium der Sowjetzone im annektierten Gebäude des ehemaligen Reichsluftfahrtministeriums gearbeitet hatte, im Jahr 1954 eine offizielle alliierte Lizenz. Ausgestellt wurde dieses so wichtige Dokument im übrigen von dem Produzenten Erich Pommer, der zu Beginn der fünfziger Jahre in seiner Eigenschaft als amerikanischer Filmoffizier über die Vergabe der Lizenzen zu befinden hatte. Vom Stammhaus in der Anhalter Straße aus, das nun als einziges und mehr oder minder unbeschadetes Gebäude inmitten eines wüsten Landes stand, organisierte Wohlrabe in den folgenden Jahren energisch den Wiederaufbau seines zwar angeschlagenen, aber doch keineswegs am Boden zerstörten Unternehmens.

Scharfsinnig und kämpferisch

In den Jahren 1950 und 1951 konnte der Verleih mit den *Kasper*-Filmen, die unter der Leitung von Max Jacob aus den Hohnsteiner Puppenspielen hervorgegangen waren, einen ansehnlichen Erfolg verbuchen. Die lehrhaft-moralischen Puppenfilme wurden zum Teil aus dem Werbeetat der Firma Sanella finanziert. Sie fanden allenthalben begeisterte Aufnahme und avancierten rasch zu einem stehenden Begriff.

Überblickt man dagegen aus der historischen Distanz all die unzähligen

Mühen und Wirrnisse, mit denen sich Wohlrabe und sein Stab in den Nachkriegsjahren auseinanderzusetzen hatten, so muß vor allem ein Ereignis hervorgehoben werden: jene umstrittene, groteske Novelle zum Jugendschutzgesetz nämlich, die am 1. Oktober 1957 in Kraft trat und darauf abzielte, Kindern unter sechs Jahren selbst in Begleitung ihrer Eltern den Kinobesuch zu verbieten. Bezeichnenderweise war es erneut ein Paragraph, dem Wohlrabe wie schon in den Jahren zuvor nun mit Inbrunst und – wie hinzugefügt werden muß – ohne jede Unterstützung des Filmverleiherverbands die Stirn bot. Da ihm selbst stets nur an der Sache gelegen war, an der generationenübergreifenden und gemeinschaftsstiftenden Erfahrung zeitloser Wertvorstellungen im Kino, mußte er diese Novelle als einen Affront gegen sein Lebenswerk auffassen. Als ihm 1958 das Bundesverdienstkreuz verliehen wurde, sprach er noch immer von der schweren Krise, die durch den »unverständlichen Paragraphen« im Zeichen eines vermeintlichen Jugendschutzgesetzes ausgelöst wurde. Denn in seinen Auswirkungen bedeutete dieses Gesetz nichts Geringeres als den Untergang des Märchenfilms. Wohlrabe bekämpfte es nach Kräften – allein vergebens. Nach und nach mußten die beiden Hauptlieferanten des Genres, der bereits erwähnte Hubert Schonger und Alfred Förster sowie dessen Vorgänger und Wegbereiter Alfons Zengerling, ihre Produktionen einstellen. Und so fand auch das 25jährige Firmenjubiläum von Jugendfilm im Jahr 1959 unter dem Damoklesschwert der bedrohten Existenzgrundlage statt.

Der Untergang des Märchenfilms

In seiner noch heute lesenswerten Schriftenreihe »Um den Märchenfilm« erschien 1958, drei Jahre vor seinem Rücktritt vom Leitungsposten des Unternehmens, ein Sonderheft, in dem sich Willy Wohlrabe scharfsinnig und unversöhnt mit der damaligen Situation auseinandersetzte. Die hier formulierten Thesen können als sein Vermächtnis angesehen werden; aus ihnen spricht das Berufsethos eines Überzeugungstäters an der Schwelle zum kommerziellen Filmverleih. Es müsse klar erkannt werden, schreibt Wohlrabe, »daß das Jugendschutzgesetz die deutschen Kinderfilmverleiher in die Lage gebracht hat, die durch sie aufgenommenen und verbürgten Kredite nicht zurückzahlen zu können, also in Schulden zu geraten, die sie zwingen, in Kürze sich lukrativen Filmplänen zuzuwenden. (...) Aus meiner Kenntnis wohl aller schon seit der Zeit des Stummfilms erschienenen Märchenfilme möchte ich feststellen, daß alle Jahr um Jahr gewonnenen Erkenntnisse zur Herstellung immer besserer Märchenfilme verarbeitet wurden. Die Stillegung neuer Produktion vernichtet gleichzeitig eine Unsumme von Erfahrungen«.

Von Willy Wohlrabe verfaßte Broschüren ›Um den Märchenfilm‹ aus dem Jahr 1958

II. Der Unermüdliche.

Dr. Karl Friedrich Wohlrabe oder der behutsame Ausbau des Familienunternehmens

Karl Friedrich Wohlrabe

Als Karl Friedrich Wohlrabe 1961 die Leitung von Jugendfilm übernahm, mögen ihm die goldenen Worte seines Vaters zwar noch in den Ohren geklungen haben; die Konkurrenzfähigkeit seines Unternehmens jedoch hätte auch der flammendste Appell Willy Wohlrabes für die unersetzlichen Erfahrungswerte des von ihm protegierten Genres nicht mehr zu sichern vermocht. Die Zeiten hatten sich gewandelt und mit ihnen auch die Bedürfnislage des Kinopublikums. Wer wettbewerbsfähig bleiben wollte, mußte ausländische – das heißt vor allem: amerikanische – Spielfilme im Programm haben. Diese Umwandlung des ehemals ausschließlich auf den deutschen Markt konzentrierten Unternehmens zu einem international agierenden und spartenübergreifenden Filmverleih forciert zu haben, muß aus heutiger Sicht als die Leistung Karl Friedrich Wohlrabes angesehen werden. Ein wesentlicher Zwischenschritt auf dem langen und steinigen Weg ins ›big business‹.

»Das Erlebnis Kino«

Bereits in jungen Jahren, fast noch als Student, stieg der studierte Zahnmediziner in die väterliche Firma ein. Er wurde neben dem kaufmännischen Leiter Curt Nuthmann bald zum zweiten Geschäftsführer und erlernte die Spielregeln der Branche sozusagen ›by doing‹. »Selbstverständlich interessierte ich mich nach dem Krieg dafür, was mein Vater machte, und ich fand, daß die Firmengründung geglückt war. Aber für den Filmverleih interessierte ich mich damals noch nicht.« Denn ganz im Gegensatz zu seinem Vater, der seinen Beruf von Anfang an mit einem erzieherischen Auftrag verknüpfte, kannte Karl Friedrich Wohlrabe das Kino bis dahin nur aus der Perspektive des genießenden Zuschauers. Immer wieder hat er in späteren Jahren darauf hingewiesen, daß sein biographischer Zündfunke, sich für den Film zu engagieren, in der sonderbar magischen Atmosphäre eines abgedunkelten Zuschauersaals zu suchen sei. Wenn also über Gemeinsamkeiten in der Berufsauffassung von Vätern und Söhnen nachgedacht werden sollte: Im vorliegenden Fall bestehen sie zweifelsohne im überaus hohen Stellenwert, den die Erfahrung im Wohlrabeschen Weltbild einzunehmen pflegt. Ob als humaner Kern in Sage und Märchen oder als stickige Luft auf dem Sperrsitz eines Kinos – das persönliche Erlebnis dient allemal als Stimulans einer erfolgreichen unternehmerischen Laufbahn. Wer solche ersten Erfahrungen bewahrt, der weiß, wofür er sich letzten Endes einsetzt, der kennt die geheimsten Motive seines Handelns.

Familienbande (v. l. n. r.): Hans, Karl Friedrich und Jürgen Wohlrabe

So erinnert sich Karl Friedrich Wohlrabe: »Ich bin immer gerne ins Kino gegangen, ich kann mich an Kinobesuche erinnern, wo noch unten der Pianist saß und die Musik zum stummen Film machte. In das Ressort meines Vaters, die Jugenderziehung der Stadt, fiel auch die Zusammenarbeit mit Kinoveranstaltungen für die Jugend, und ich war immer stolz, wenn ich mit einer Ehrenkarte solche Kinovorstellungen besuchen durfte. Als mein Vater aus politischen Gründen entlassen wurde, kam er auf die Idee, seine Kontakte zum Film, zum Kino, für eine neue Lebensaufgabe zu nutzen. (...) Meine eigene filmische Begeisterung war damals nur, daß ich leidenschaftlich gern ins Kino ging. Ich erinnere mich, daß ich manchmal als junger Mann von einer Vorstellung zur anderen sauste, bloß um das Erlebnis Kino zu haben.«

Letztlich dürfte Karl Friedrichs Entscheidung, sich als zweitältester der insgesamt drei Söhne Willy Wohlrabes im Jahr 1948 der väterlichen Firma anzuschließen, auf die äußeren Notwendigkeiten der Nachkriegszeit zurückzuführen sein. Denn während Willy Wohlrabe außerhalb Berlins in Zeuthen, also inmitten der damaligen sowjetischen Besatzungszone lebte, war Karl Friedrich das einzige Familienmitglied, das einen Wohnsitz in West-Berlin vorzuweisen hatte. Dieser jedoch war die Voraussetzung für eine Verleihlizenz im amerikanischen Sektor der geteilten Stadt. Alles, was seinerzeit auch nur im entferntesten mit Presse, Film oder Fernsehen zu tun hatte, wurde von den Besatzungsmächten als registrier- und genehmigungspflichtig eingestuft. »Vater hatte eine Tätigkeit für das sowjetzonale Volksbildungsministerium übernommen. So war er den Amerikanern suspekt.« Da Jugendfilm übergangsweise sogar von einem Treuhänder verwaltet wurde, dessen einziger Ehrgeiz in der Überprüfung der Postkasse bestand, stand für Willy Wohlrabe als gestrengen Patriarch der Erhalt des Familienunternehmens auf dem Spiel.

»Ich tat es der Familie zuliebe«

»Ursprünglich wollte ich das gar nicht«, sagte Karl Friedrich später über seine Beweggründe, schließlich dem Drängen seines Vaters nachzugeben. »Ich tat es der Familie zuliebe.« Und noch ein weiterer Umstand kam erschwerend hinzu: Seit dem Abschluß seines Studiums praktizierte Karl Friedrich Wohlrabe als Zahnarzt, so daß zunächst eine immense zeitliche und auch physische Belastung auf ihn zukam. Er arbeitete damals nicht selten bis zu 70 Stunden in der Woche. »Mein Vater verlangte von mir, daß ich meine zahnärztliche Tätigkeit beibehielt. Er hatte in mein Studium viel Geld investiert und bestand auf Weiterführung der Praxis. Es war eine Doppelbelastung, sehr schwierig, meine Sprechstunde abzuhalten und dann noch in der Firma tätig zu sein. Ich verstand davon im Grunde gar nichts. Ich brachte nur meine Vorliebe fürs Kino mit und mußte sehr viel lernen. Es gab Erschwernisse als Zahnarzt die Kassenzulassung zu bekommen. Das war schon in der NS-Zeit so. Damals mußte ich die Mitgliedschaft in irgendeiner NS-Organisation nachweisen, die ich ja nicht hatte. 1935 promovierte ich, 1937 eröffnete ich meine Praxis in Berlin. Um die Kassenzulassung zu erhalten, verlangte man von mir die Entscheidung, entweder Mitglied in der Hitlerjugend oder des Deutschen Roten Kreuzes zu werden. Ich entschied mich für das Rote Kreuz. Das entpuppte sich dann als Hobby. Ich habe dem Roten Kreuz viel zu verdanken, viele interessante Menschen und Probleme kennengelernt. So hatte ich dann drei Arbeitsgebiete: die Praxis, das Lernen bei Jugendfilm und das Rote Kreuz.«

»Der Film ist immer eine riskante Geschichte«

Willy Wohlrabe brachte seine Überzeugung, daß sein Sohn auch als Teilhaber seiner Firma ein Doppelleben zwischen Wurzelbehandlung und Orson Welles zu führen habe, stets in einer schlichten Formel zum Ausdruck, die in ihrer Mischung aus Prägnanz und Weitsicht an Sepp Herberger, den Philosophen des Fußballsports, gemahnt. »Der Film«, so pflegte er altersweise zu konstatieren, »ist immer eine riskante Geschichte. Man weiß nie, was passiert.« Da Filmfirmen gelegentlich Pleite gingen, sei es allemal sinnvoll, ein zweites berufliches Standbein in der Reserve zu haben. Willy Wohlrabe wußte, wovon er sprach. Hatte er doch im Verlauf seines erfahrungsgesättigten Lebens manche Klippe umschifft – ohne ein Rettungsboot im Gepäck, versteht sich. Als er 1962 im Alter von 79 Jahren starb, hinterließ er nicht nur ein wetterfestes Unternehmen, sondern auch einen Nachfolger, der auf die Herausforderungen der neuen Zeit umsichtig und klug zu reagieren wußte.

Risikobereitschaft und unermüdlicher Arbeitseifer – dies dürfte in etwa die Rezeptur sein, auf der die Führungsgrundsätze der Wohlrabeschen Unternehmung von Anfang an fußten. Karl Friedrich Wohlrabe, der Quereinsteiger, erkannte trotz – vielleicht sogar aufgrund – seiner beruflichen Distanz zur Filmbranche den sprichwörtlichen ›Zug der Zeit‹ und leitete nun die Phase der behutsamen Expansion von Jugendfilm ein. Auch gegen den Willen seines Vaters, der gegen Ende seiner Karriere immerhin noch rund 35 000 Vorstellungen pro Verleihsaison verzeichnet und damit fast 10 Millionen Zuschauer erreicht hatte, stellte er die Weichen des Unternehmens auf ›Zukunft‹. Er nahm Kontakte zu Managern und Produzenten auf, die ausländische Filme als potentielle Publikumserfolge einkauften, um sie für den deutschen Markt synchronisieren zu lassen. Diese Maßnahme schien nach Lage der Dinge unvermeidlich. Denn anders als zu seines Vaters Zeiten nahm Jugendfilm als allgemeine Verleihfirma im Reigen der Konkurrenten keine Sonderstellung mehr ein. Auch wenn es für

Willy Wohlrabe eine schmerzliche Erfahrung gewesen sein mochte: Aber unter den veränderten, das heißt, härteren Marktbedingungen fiel seinem ehernen pädagogischen Berufsethos eine nunmehr bescheidene, nachgeordnete Rolle zu.

Unter dem Motto »Solide – seriös und zuverlässig« fuhr Karl Friedrich Wohlrabe in der Folgezeit ein im Prinzip zweigleisiges Programm: Einerseits brachte er weiterhin Heimat- und Jugendfilme heraus, die den traditionellen Publikumsstamm des Verleihs ansprachen. Eine Strategie, die – nebenbei bemerkt – ein bezeichnendes Licht auf das ausgeprägte Bewußtsein des ›Erben‹ hinsichtlich seiner eigenen Wurzeln wirft. Zukunft, so möchte man hier ein zeitloses Diktum anwenden, braucht eben Herkunft. Daneben jedoch setzte Wohlrabe sowohl auf anspruchsvolle Produktionen wie Orson Welles' *Falstaff* oder Marcel Camus' *Und die Wälder werden schweigen* als auch auf Filme für breitere Publikumsschichten.

Oben: Der ›Räuber Hotzenplotz‹ Gert Fröbe (links) mit Karl Friedrich Wohlrabe (Mitte) und Alfred Kamm bei der Premiere des gleichnamigen Films am 8. März 1974 in Bonn
Unten (v.l.n.r.): Jürgen Wohlrabe, Gert Fröbe und Karl Friedrich Wohlrabe

Im Sog der Zeitläufte

Entscheidenden Einfluß auf die Expansion des Verleihs nahm in diesen Jahren der ehemalige Theaterleiter Alfred Kamm aus Pirna in Sachsen. Er trat 1948, im selben Jahr also wie Karl Friedrich Wohlrabe, in die Firma ein und wurde zunächst mit dem Aufbau der bayerischen Jugendfilm-Filiale betraut. Von 1966 bis zu seiner Pensionierung im Jahr 1985 firmierte er als Teilhaber des Unternehmens. Auch wenn ein Theaterbetrieb nicht ohne weiteres mit den Eigengesetzlichkeiten der Filmbranche zu vergleichen sein dürfte, vermochte Kamm doch seine intimen Geschäftskenntnisse für seine neuen Aufgaben fruchtbar zu machen. Zielstrebig investierte er in Filme, deren Popularität und Starbesetzung ein möglichst breitgefächertes Publikum erreichen sollten, und trug damit maßgeblich zum finanziellen Aufstieg des Unternehmens bei. Hier nur einige Beispiele: *Nachts, wenn das Skelett erwacht, Das Geisterschiff der schwimmenden Leichen, The Pom Pom Girls* oder *Cannonball.* Neben Filmen wie diesen standen freilich auch weiterhin *Der Kommissar und sein Lockvogel* mit Lino Ventura und Romy Schneider, *Carmina Burana, Der Dieb von Bagdad, Der Räuber Hotzenplotz, Aschenbrödel* oder die äußerst erfolgreiche Verfilmung von Johanna Spiris *Heidi* auf dem Programm. Zudem war es Mitte der siebziger Jahre auch für einen deutschen Verleih noch

Alfred Förster und Karl Friedrich Wohlrabe beim 40. Firmenjubiläum von Jugendfilm 1974

Adolf Kabatek, der deutsche Texter für alle Asterix-Filme und -Bücher. Von ihm stammt: ›Die spinnen, die Römer!‹

erschwinglich, Filme wie beispielsweise Mel Brooks' *Frühling für Hitler* einzukaufen.

1974 feierte man das 40jährige Jubiläum von Jugendfilm. Nicht ohne Stolz konnten Wohlrabe und seine damals rund 35 Mitarbeiter auf die Früchte ihrer Bemühungen zurückblicken: auf ein kontinuierliches Wachstum des Unternehmens, verbunden mit einer soliden finanziellen Basis. Anläßlich des 40. Firmenjubiläums wurde – vermutlich in den eigenen Reihen – an einem Vers geschmiedet, der durchaus selbstkritisch den vollzogenen Paradigmenwechsel in der Verleihpolitik des Hauses – sagen wir – zum Ausdruck bringt. Indes: So heiter und knatternd das Verslein auch daherkommem mag – neben dem Glücksgefühl, das der Erfolg verursacht, ist ihm gleichsam zwischen den Zeilen die Schwermut eingeschrieben, die die notwendigen Konzessionen an die Gesetze des Marktes eben auch hervorrief. Von künstlerischen Kriterien einmal abgesehen, könnte der Identitätswandel von Jugendfilm im Sog der Zeitläufte kaum trefflicher dargestellt werden, als mit den folgenden Zeilen:

»Doch nach Jahrzehnten hat sich vieles gewandelt ... Die nächste Runde zeigt das Märchen nackt.« Und weiter heißt es:

»Zwar ist das nun kein Film, den Kinder sehen,
wenn sie ihn auch mit dreizehn schon verstehen,
doch ist er interessant erst in der Tat,
wenn er die 18-Jahr-Freigabe hat.
Brutal und recht viel Blut sind jetzt am Ball,
Und Gruselfilme sieht man überall.
Da darf der J-Film keinesfalls zurücksteh'n,
muß mit Karate und Kung Fu doch mitgeh'n«.

Der Beginn einer Erfolgsstory

Schon seit langem hegte die Firmenleitung den Traum, Animationsfilme in Deutschland zu verleihen. Ganz in diesem Sinne gelang dem Gespann Wohlrabe und Kamm im Jahr 1969 ein – wie sich bald herausstellen sollte – folgenreicher Coup: Jugendfilm erwarb die Rechte an den Zeichentrickfilmen *Die Schlümpfe* von PEYO, an *Lucky Luke* von Morris und René Goscinny sowie an *Felix, der lustigste Kater der Welt* oder *Dunderklumpen*.

Karl Friedrich Wohlrabe sicherte seinem Haus zudem die äußerst erfolgreichen Filme *Asterix der Gallier* und *Asterix und Cleopatra* von René Goscinny und Albert Uderzo. Es sollte der Beginn einer Erfolgsstory werden. Im Zeitraum von sieben Jahren zogen allein drei *Asterix*-Filme, die in größeren Intervallen und in verschiedenen Episoden herausgebracht wurden, rund 20 Millionen Besucher in die Kinos. Alle drei erhielten die »Goldene Leinwand«, *Asterix erobert Rom* (nach den beiden Pilotprojekten die erste Produktion, die Jugendfilm gemeinsam mit französischen Partnern realisierte) wurde für seine mehr als sechs Millionen Besucher gar mit der »Goldenen Leinwand mit Stern« prämiert.

Albert Uderzo (Zeichnungen) und René Goscinny (Text), die Erfinder von Asterix und Obelix, bei der Deutschland-Premiere von ›Asterix erobert Rom‹ 1976 in Berlin

MORRIS – Maurice de Bevère – und ›sein‹ Lucky Luke anläßlich der Deutschland-Premiere von ›Lucky Luke – Sein größter Trick‹

Oben: Jürgen Wohlrabe und Albert Uderzo bei der Verleihung der ›Goldenen Leinwand‹ mit Stern für mehr als 6 Millionen Kinobesucher für ›Asterix erobert Rom‹

4 x Wohlrabe (v. l. n. r.): Jürgen, Karl Friedrich, Peter und Michael Wohlrabe

Legte Karl Friedrich Wohlrabe mit einer klugen und weitsichtigen Ankaufspolitik in den siebziger Jahren den Grundstock der für die Geschichte von Jugendfilm so bedeutsamen Trickfilmsparte, so war es, wie man sehen wird, erst seinem Neffen vorbehalten, dem kostbaren Erbe zu weltweitem Ansehen zu verhelfen. Unter der Federführung von Jürgen Wohlrabe, der nach guter Familiensitte 1978 die Nachfolge seines Onkels antrat, entwickelte sich das Unternehmen mit Macht zu einer der ersten Adressen des internationalen Filmverleihs. Asterix mochte Rom erobert haben – Jürgen Wohlrabe eroberte mit einer bis dahin ungekannten Wucht den Weltmarkt. Sein enormes Potential dürfte selbst bei seinem gewiß nicht arbeitsscheuen Clan einige Irritationen hervorgerufen haben. »Obwohl mein Neffe und ich uns im Großen und Ganzen sehr gut verstehen«, resümiert denn auch Karl Friedrich Wohlrabe, »sagt er manchmal, daß wir nicht sehr risikofreudig waren«. Damit ist der frische Wind bezeichnet, der seit der Übergabe der Verantwortung an den dynamischen Geschäftsmann die Segel des Dreimasters Jugendfilm bläht. Sein eigenes Credo versteckt Karl Friedrich Wohlrabe bescheiden in einem fast schon lapidaren Nachtrag: »In der Filmwirtschaft«, sagt er rückblickend auf 20 Jahre Berufserfahrung, »hatte damals beinahe alles mit Wechseln zu tun, mit Wechselrecht und mit Tätigkeiten, die sehr ins Kaufmännische gehen. Diese Ausbildung fehlte mir ja vollkommen. Das mußte ich mir alles erst aneignen. Vom Wechselrecht verstehe ich heute etwas. Ich habe es mir erarbeitet.«

III. Der Gipfelstürmer.

Jürgen Wohlrabe oder der Aufstieg von Jugendfilm zum Weltunternehmen

Politisches Präludium

Jürgen Wohlrabe stand bereits in den Schlagzeilen, noch bevor er an die große Illusionsmaschine ›Kino‹ in geschäftlicher oder in künstlerischer Hinsicht auch nur einen Gedanken verschwendete. Denn lange bevor er sich dem Zelluloid verschrieb, war er hauptberuflich Politiker. Daß er dieses Amt auch heute noch ausübt, obgleich der Verleih inzwischen den größten Teil seines knapp bemessenen Zeitbudgets in Anspruch nimmt, darf getrost als Programm angesehen werden. Wer den zielstrebigen und pragmatischen Kopf des Unternehmens einmal ›live‹ erlebte, dem wird sich rasch der Eindruck vermittelt haben: Dieser Mann erledigt alles – zur selben Zeit.

1958 trat Jürgen Wohlrabe in die CDU ein. Die ersten Kontakte zu dieser Partei hatte er kurz zuvor als Hilfsarbeiter am Bau aufgenommen. Denn die Baustelle, auf der sich der junge Wohlrabe verdingt hatte, war ausgerechnet die im Krieg zerstörte CDU-Geschäftsstelle in Berlin-Charlottenburg. Sicher ein hübscher Beleg für die Auswirkungen der glücklichen Fügung auf den Verlauf der Geschichte. Historiker wie Biographen hätten gleichermaßen ihre Freude daran.

In den Jahren 1963 bis 1967 agierte Wohlrabe auf lokaler Ebene, kam danach ins Berliner Abgeordnetenhaus und wurde schließlich als Bundestagsabgeordneter nach Bonn delegiert. Von Anfang an galt Jürgen Wohlrabe als ein kantiger, unbequemer, bisweilen auch irritierender Politiker, dessen Votum weit eher der verhandelten Sache galt, als daß es parteipolitisches Kalkül in Betracht gezogen hätte. Zu derartigen Zugeständnissen war sein sperriges und eigenwilliges Naturell nur äußerst selten zu bewegen. Seine geistreichen und allemal gefürchteten Zwischenrufe veranlaßten eines Tages Herbert Wehner, den großen alten Mann der SPD, zu einer inzwischen schon legendär gewordenen Replik: Wehner ließ sich dazu hinreißen, den notorischen Störenfried im Parkett des deutschen Bundestages als »Übelkrähe« zu bezeichnen – eine Titulierung, die aus heutiger Sicht eher einem Ritterschlag gleichkommen dürfte. Verkörpert doch Wohlrabe den mittlerweile bedenklich rar gewordenen Typus eines Politikers, der in den Grabenkämpfen des hohen Hauses Profil zu zeigen bereit ist. Wer wie er bei jeder sich bietenden Gelegenheit in verbalen Attacken seine Breitseite präsentiert, dem sollte zumindest sein Nonkonformismus zugute gehalten werden – der macht sich zwar systematisch unbeliebt, beweist aber gerade dadurch auch seine Konfliktfähigkeit.

Oben: Am 10. November 1989 vor dem Berliner Rathaus Schöneberg: Willy Brandt, Walter Momper, Helmut Kohl und Jürgen Wohlrabe

Richard von Weizsäcker, Jürgen Wohlrabe und seine Ehefrau Joubi

Das Ehepaar Wohlrabe mit dem ehemaligen Bürgermeister von Jerusalem, Teddy Kollek

V. l. n. r.: Der Regierende Bürgermeister von Berlin Walter Momper, der britische Stadtkommandant Major General R. J. S. Corbett, der amerikanische Stadtkommandant General Major Raymond E. Haddock, der französische Stadtkommandant Divisionsgeneral François Cann und der Präsident des Abgeordnetenhauses von Berlin Jürgen Wohlrabe, 1990

Max Schmeling (o. l.), der amerikanische Präsident und Schauspieler Ronald Reagan (o. r.), der Regierende Bürgermeister von Berlin Eberhard Diepgen (l.) mit Jürgen Wohlrabe nach Haifa, Tel Aviv und Jerusalem zusammen.

»Ein unbändiger Wille und Arbeitsdrang«

Als Jürgen Wohlrabe 1979 sein Bundestagsmandat niederlegte, um sich fortan in erster Linie den Kinogeschäften zu widmen, war er bereits Minoritätsteilhaber von Jugendfilm. Sein Großvater hatte seine sechzigprozentigen Anteile unter seinen drei Söhnen aufgeteilt. So erhielt Karl Friedrich dreißig Prozent, seine beiden Brüder Hans und Hermann jeweils fünfzehn Prozent des großväterlichen Erbes. Jürgens Vater Hermann Wohlrabe gab seine Anteile jedoch sogleich an seinen Sohn weiter. Zum Zeitpunkt seines Einstiegs in die Company wußte dieser nach eigenem Bekunden vom Film kaum mehr, als daß der Zelluloidstreifen auf beiden Seiten eine Perforation aufweist. Was er indessen mitbrachte, war, in den Worten seines Onkels, »ein unbändiger Wille und Arbeitsdrang. Er hat ein unerhörtes Gefühl für Publicity, er weiß, wie man die Ware unter die Leute bringt, und er hat auch die richtigen Beziehungen. Das ist sehr wesentlich, viel wertvoller als jeder 100 000 Mark-Betrag, der in die Publicity investiert wird«. Zu diesem angeborenen Talent gesellte sich freilich noch ein weiterer günstiger Umstand: Noch vor seinem Einstieg in das Familienunternehmen war Wohlrabe jahrelang aktives Mitglied im Verwaltungsrat der einflußreichen Filmförderungsanstalt und unterhielt dadurch hervorragende Beziehungen zur gesamten Führungsriege der deutschen Filmwirtschaft. Eine nicht zu unterschätzende Starthilfe (im Volksmund: Vitamin B) für den dynamischen Newcomer, die auch langfristig von Vorteil sein sollte.

Unter der Ära Jürgen Wohlrabe entwickelte sich Jugendfilm zu einer der

Der Fallschirmjäger vor dem Absprung

Neben seiner ausgeprägten Neigung zu rhetorischen Scharmützeln war Jürgen Wohlrabe immer auch an körperlichem Ausgleich interessiert. Als Bundestagsabgeordneter ließ er sich zum Fallschirmjäger ausbilden. Bereits als junger Mann veranlaßte er den damaligen Bundeskanzler Konrad Adenauer vor Tausenden von Studenten an der Freien Universität in Berlin eine Rede zu halten. Während des Vietnam-Krieges war er mehrfach als Vertreter der Bundesregierung in Sachen humanitäre Hilfe in Indochina im Einsatz. Er stellte ganze Schiffsladungen mit Hilfsgütern zusammen und überwachte persönlich die Verteilung in Kambodscha und Süd-Vietnam. Darüber hinaus organisierte Wohlrabe die größte Demonstration junger Berliner aus allen politischen Richtungen gegen den Mauerbau. Lange bevor offizielle diplomatische Beziehungen zwischen der Bundesrepublik und Israel aufgenommen wurden, stellte er Gruppenflüge deutscher Jugendlicher

Erich Steinberg (1910–1983)

Links: Astrid Lindgren im Gespräch mit Jürgen Wohlrabe anläßlich der Friedenspreisverleihung des Deutschen Buchhandels in Frankfurt am Main

Rechts: Die große Dame des deutschen Films, Elisabeth Bergner, bei der Premiere des ›Pfingstausflugs‹ in Berlin

größten und zudem noch erfolgreichsten deutschen Verleihfirmen. So war es nur konsequent, daß man 1979 den Stammsitz des Unternehmens von der Anhalter Straße in einen modernen und zeitgemäßen Bürokomplex in der Lietzenburger Straße verlegte. Und während nun der verdienstvolle Alfred Kamm ermutigt wurde, seine vorzüglichen Verbindungen nach Frankreich und Italien nicht nur einzusetzen, sondern zum Wohl der Firma auszubauen, reüssierte der Branchenneuling Jürgen Wohlrabe durch geschickt eingefädelte Ankäufe ›großer‹ Filme. Bereits in dieser frühen Phase ist das spezifische Verhältnis von unternehmerischem Kalkül und Instinkt erkennbar, das Wohlrabes Geschäftsgebaren bis auf den heutigen Tag auszeichnet. Hinzu kommt allerdings eine glückliche Hand bei der Zusammenstellung seines Mitarbeiterstabs: Bald nachdem der legendäre Erich Steinberg, sicher einer der bedeutendsten Impresarios des amerikanischen Films *(Ben Hur, Vom Winde verweht, Doktor Schiwago)*, seinen Posten als Generaldirektor bei »20th Century Fox« aufgegeben hatte, engagierte ihn Wohlrabe als Einkaufsberater und versicherte sich so auch seiner weitreichenden internationalen Kontakte, ohne die ja bekanntlich wenig auszurichten ist. »Ich verdanke diesem Mann sehr viel«, sagt Wohlrabe heute, »denn ich interessierte mich zwar für Film, hatte aber wenig Ahnung von den wirtschaftlichen Mechanismen, vor allem denen des internationalen Filmgeschäfts. Und dies mußte in unsere Verleihgeschäfte eingebunden werden, das war mir klar.«

Steinberg hatte vor seiner Zeit bei »Fox« für mehrere US-Majors gearbeitet (u.a. für »MGM« und »RKO«), war deren Repräsentant in Südamerika gewesen und kannte mithin jeden, der im internationalen Filmgeschäft etwas zu sagen hatte. Und was fast noch wichtiger war: Jeder kannte ihn. Vor allem aber

Weiter auf Seite 42

Der Gebäudekomplex Lietzenburger Straße 44, Sitz von Jugendfilm in den Jahren von 1979 bis 1991

1980

Auf dem Weg zur Nimitz . . .

V. l. n. r.: ›Countdown‹-Hauptdarsteller Kirk Douglas mit seiner Ehefrau, Peter Lorenz und Jürgen Wohlrabe

V. l. n. r.: Erich Steinberg, Wim Thoelke, Kirk Douglas und Jürgen Wohlrabe beim ›Großen Preis‹

Der letzte Countdown

Flugzeugträger und Kohlrouladen oder »Never take no as an answer«

Der Eintritt von Jugendfilm in die Elite der Großverdiener begann mit dem Ankauf des Science-fiction-Thrillers ›Der letzte Countdown‹ von ›Bryna Productions‹. Jürgen und Karl Friedrich Wohlrabe erwarben den Film 1979 in Cannes von Mark Damons Weltvertrieb zum Preis von 300 000 Dollar – für damalige Verhältnisse eine stattliche Summe – und verfielen auf der Stelle einer spleenigen Promotion-Idee: 150 Journalisten sollten für eine Preview auf den amerikanischen Flugzeugträger »Nimitz« eingeladen werden. Da Wohlrabe seit Jahren die Angewohnheit hat, nicht nur sämtliche verfügbaren Telefon- und Faxnummern penibel zu notieren, sondern einen beträchtlichen Teil davon in überfüllten Jacken- oder Hosentaschen mit sich herumzutragen, hatte er auch die Nummer des damaligen US-Marineministers Hagerty zur Hand. Er rief ihn unverzüglich an, redete in der Hauptsache von der amerikanisch-deutschen Freundschaft sowie von der positiven Publicity, die ein solcher Journalistenbesuch nach sich ziehen würde – und erwirkte prompt die Zusage des Ministers. In einer Blitzaktion wurde die versammelte Presse in insgesamt 30 Taxis via London und Southampton zum Schauplatz des Spektakels befördert. Das Organisationsgenie selbst mußte indessen auf das Vergnügen verzichten. Er wurde stattdessen in politischem Auftrag in seinen Berliner Wahlkreis beordert, um gemeinsam mit dem damaligen Regierenden Bürgermeister Richard von Weizsäcker einen U-Bahnhof einzuweihen.

Anläßlich der Premiere hatte sich Wohlrabe zunächst vergebens darum bemüht, Hauptdarsteller Kirk Douglas nach Berlin zu holen. Als er jedoch – geleitet von dem vielfach erprobten Yankee-Grundsatz »Never take no as an answer« – Douglas' einflußreichen Schwager einschaltete, der damals Leiter des NDR-Studios in Berlin war, ließ sich der spröde Superstar eines besseren belehren. Douglas kam mitsamt seiner deutschen Ehefrau nach Berlin, sang in der TV-Show »Der große Preis« deutsche Weihnachtslieder und erlag als passionierter Gourmet nebenbei auch noch einer Berliner Spezialität: der Kohlroulade. Der Film erzielte übrigens drei Millionen Zuschauer und wurde mit jener »Goldenen Leinwand« ausgezeichnet, die für Wohlrabe stets die »Leinewand« bleiben wird.

Bei der Pressekonferenz zum ›letzten Countdown‹

Jürgen Wohlrabe mit Klaas Akkermann …

… und mit Romy Schneider

Ganz rechts: Jim Henson, der Erfinder der Muppets, mit seinem Hauptdarsteller Kermit, 1980

Pressepräsentation von ›Liebe auf den ersten Biß‹ 1979 (v.l.n.r.): Hauptdarsteller George Hamilton, Sylvia Kristel, Jürgen Wohlrabe und ein ›Buchhalter‹

Jürgen Wohlrabe mit Desirée Nosbusch und ›Didi‹ Hallervorden anläßlich der Premiere von ›Didi – Alles im Eimer‹, 1981

war der elegante, bisweilen auch ein wenig extravagante Steinberg ein unnachgiebiger Geschäftsmann. Ein Verleiher, so pflegte er die Grundregeln der Branche lakonisch zusammenzufassen, müsse auch verleihen können. Jugendfilm kaufte in diesen Jahren *Dieses obskure Objekt der Begierde* von Luis Buñuel, *Der letzte Countdown* mit Kirk Douglas, der allein 12 Millionen Mark Gewinn einspielte. Zu Kassenerfolgen wurden ebenso *Liebe auf den ersten Biß* mit George Hamilton und *Dressed to Kill* mit Angie Dickinson. Jürgen Wohlrabe er-

Pressekonferenz zu ›Dressed to Kill‹ mit der Hauptdarstellerin Angie Dickinson (Mitte), 1981

... bei den Dreharbeiten zu ›ROAR‹

Links oben: ›ROAR‹-Darsteller Tippi Hedren und Noel Marshall zu Gast bei Wim Thoelke, 1982

Links unten: Jürgen Wohlrabe und Erich Steinberg

lernte von Erich Steinberg im Schnellverfahren die wichtigsten Spielregeln der Zunft. So bedeutete denn auch der Tod Steinbergs am 27. November 1983 nicht nur einen schweren Verlust für die Firma, sondern ebenso für seinen Meisterschüler.

»Wer ihn kennenlernte«, erinnert sich Jürgen Wohlrabe, »gewann Achtung und sehr oft auch Zuneigung zu diesem Mann, der seine Arbeit als Dienst begriff und sein ganzes Leben darauf einrichtete. 1953 kehrte Erich Steinberg nach Deutschland zurück – in ein Land voller Erinnerungen, doch ohne Angehörige. Seine Eltern, seine ganze Familie hatte im Dritten Reich ihr Leben lassen müssen. (...) Wir alle von Jugendfilm haben Erich Steinberg unendlichen Dank zu sagen. Ohne ihn wären viele internationale Geschäftsbeziehungen nicht entstanden. Ja, ich sage ganz freimütig, ohne seine Mitarbeit und Beratung wäre Jugendfilm der Aufstieg in den Kreis der größeren deutschen Filmverleiher nicht gelungen, und ich füge persönlich hinzu: Ohne ihn hätte ich vieles nicht gelernt.«

»Ich mach' das gern!«

Der Adlatus hatte sich seine Lektion offenkundig eingeprägt. Großangelegte Publicity-Kampagnen, die Wohlrabe in der Folgezeit unter dem bezwingenden Motto »Ich mach' das gern!« am liebsten selbst initiierte, begleiteten von nun an die Öffentlichkeitsarbeit des ambitio-

Der jetzige Senator von Florenz Vittorio Cecchi Gori mit Ehefrau Rita und dem Plakatkünstler Renato Casaro

nierten Unternehmens. Jugendfilm begann ebenso viel Geld in spektakuläre und ungewöhnliche Werbemaßnahmen zu investieren wie die amerikanischen Großverleiher – bisweilen sogar mehr. Jürgen Wohlrabes raumgreifendes Wesen schickte sich an, nach Steinbergschem Muster den Markt aufzurollen. Entscheidende Hilfe leistete ihm dabei Gabriele Bäumler. Die gelernte Filmkauffrau leitete von 1975 bis 1985 die Ausstattungsabteilung, in deren Zuständigkeitsbereich sowohl die Herstellung von Trailern, Plakaten und Presseheften, die Überwachung der Synchronisation als auch grundsätzlich die Disposition der Werbemittel fiel. In diesen Jahren stieß dann auch der renommierte italienische Plakatkünstler Renato Casaro zu Wohlrabes Team, dessen Popularität weit über die Grenzen Europas hinaus reicht. Für Jugendfilm schuf er

Der ›Bomber‹ Bud Spencer mit Jürgen Wohlrabe und Staatssekretär Hans Neusel, 1982

Empfang beim Bundespräsidenten Karl Carstens für Bud Spencer

eine Vielzahl exzellenter Plakate, u.a. für *Es war einmal in Amerika, Der Bomber, Angel Heart, Der letzte Kaiser, Rambo III* sowie für eine Vielzahl von Celentano-Filmen.

Es gehört gewiß zu den Standardaufgaben eines erfolgreichen Filmverleihs, sein Publikum in regelmäßigen Abständen leibhaftig mit den obskuren Objekten seiner Begierde, den Stars nämlich, zu konfrontieren. Auch auf diesem Feld konnte Jürgen Wohlrabe bald zu den Großen der Branche aufschließen. Mehr noch: Die von ihm betreuten Schauspieler und Regisseure gingen nach eigenem Bekunden »gern« auf Promotion-Tournee durch die Bundesrepublik. Bedenkt man die Strapazen, die ein solcher Parcours aus Interviews und Fernsehauftritten mit sich bringt, so ist dieser Haltung eine echte Verbundenheit mit Wohlrabe abzulesen. So kamen, um nur einige Namen aus dem Stammbuch der Filmgeschichte zu nennen, im Lauf der Zeit George Hamilton *(Liebe auf den ersten Biß)*, Kirk Douglas *(Der letzte Countdown)*, Adriano Celentano *(Der gezähmte Widerspenstige)*, Robert de Niro *(King of Comedy)* oder Anthony Quinn *(Omar Mukthar)* ihrem deutschen Publikum näher.

Weiter auf Seite 49

1983

Bei den Dreharbeiten zu ›Bingo Bongo‹ (v.l.n.r.): Jürgen Wohlrabe mit dem Titelhelden auf dem Arm, daneben Vittorio Cecchi Gori, Adriano Celentano und Robert Liebler, der Repräsentant von Jugendfilm in Italien

Adriano Celentano (rechts) im Gespräch mit Vittorio Cecchi Gori und einem ›Mithäftling‹

Vittorio und sein Vater Mario Cecchi Gori, in der Mitte Marc Wohlrabe

Bingo Bongo

Vierzehn Mädchen vom Lande oder »Gib dem Affen Zucker«

Mitte der achtziger Jahre zählten die Filme um den italienischen Komiker und Sänger Adriano Celentano zu den großen Publikumserfolgen in Deutschland. Jugendfilm verlieh in diesem Zeitraum insgesamt zehn Schmonzetten mit dem ebenso schlacksigen wie unberechenbaren, ebenso halsstarrigen wie empfindsamen Schauspieler in der Hauptrolle, die sich mit Ausnahme von Joan Lui – bei dem Celentano selbst Regie führte – vor allem bei der weiblichen Fangemeinde einer außergewöhnlichen Popularität erfreuten. Es muß der spröde Charme des baumlangen Italieners gewesen sein, der auch anläßlich der Deutschlandpremiere von »Bingo Bongo« die Berlinerinnen um Sinn und Verstand brachte. Kreischende und enthemmte Teenager sollen nach Augenzeugenberichten Celentanos Wagenkolonne gesäumt haben. Dabei hatte Jürgen Wohlrabe bereits im Vorfeld alle Hände voll zu tun, um das eigensinnige Idol auch nur zum Überqueren der Alpen zu überreden. Celentano besteigt aus Prinzip kein Flugzeug. Und auch Züge betritt er nur dann, wenn ihm zuvor glaubhaft versichert wurde, daß sie keinen Tunnel durchfahren. So wurde schließlich eine umständliche Reiseroute mit dem Auto übers Gebirge vereinbart. Doch damit nicht genug der Auflagen und Bedingungen. Denn Wohlrabe sollte dem gezähmten Widerspenstigen, da er sich nun einmal zur Tournee entschlossen hatte, auch noch die nötige Zerstreuung garantieren. Eigens zu diesem Zweck wurden nun vierzehn (14) Mädchen vom Lande, von denen die Azzuri offenbar ihre eigenen Vorstellungen mitbrachten, zum Plaisir des Mimen und seiner Mannschaft zusammengestellt und nach Berlin überführt. Celentanos Aufenthalt soll, wie man hört, ein Erfolg gewesen sein.

Schimpanse ›Bingo Bongo‹ mit Jürgen Wohlrabe und Adriano Celentano

Was ist aus Episoden wie diesen zu lernen? Gar nichts – außer der Einsicht vielleicht, daß zum Pensum eines professionellen Filmverleihers weit mehr gehört, als man landläufig zu glauben geneigt ist.

50 Jahre Jugendfilm 1984

Feuerwerk bei Tisch

Die Festrede

Zwei Urgesteine: Luggi Waldleitner und Hans Hermsdorf

Büffetdekoration

Marianne und Volker Riech im Gespräch mit Jürgen Wohlrabe

Der heutige Nato-Generalsekretär Manfred Wörner und Ehefrau

Jürgen Wohlrabe, Monika Diepgen und Mrs. Euan Lloyd

Heinrich Lummer und Peter Bachér

Bundesinnenminister Friedrich Zimmermann

Präsident Herbert Strate und Jürgen Wohlrabe mit der ›Goldenen Leinwand‹

Julia Migenes, die Hauptdarstellerin aus ›Carmen‹, mit Patricia Glück (links) und Jürgen Wohlrabe, 1984

Der Fundus des Unternehmens reicht inzwischen von Klassikern der Filmgeschichte wie etwa dem *Dieb von Bagdad,* dem *Blauen Engel* mit Marlene Dietrich oder den Jaques-Tati-Komödien bis zu Filmen von Luis Buñuel, Bertrand Tavernier und Martin Scorcese. Gemessen an solchen Größen scheint das 50jährige Firmenjubiläum, das am 25. Juni 1984 im Hotel Intercontinental Berlin gemeinsam mit rund tausend Gästen gefeiert wurde, noch einigermaßen bescheiden ausgefallen zu sein.

»Filmgeschäft ist wie Spielcasino«

Bei soviel Glanz und Glamour darf freilich nicht vergessen werden, daß der Weg zum Ruhm auch manche Durststrecke beinhaltete. Die Geschichte der »Flops«, die Wohlrabes Unternehmung gelegentlich landete, wäre gewiß eines eigenen Kapitels würdig. Andererseits gehört aber die Pleite, gleichsam als die blasse Rückseite der Medaille, ebenso zum unternehmerischen Kalkül wie die Spekulation auf den Erfolg. Wer mit soviel Risikobereitschaft zu Werke geht wie Jürgen Wohlrabe, dem dürften die mahnenden Worte seiner Ahnen über den Film als ein gewagtes Geschäft wie selbstverständlich erscheinen. Die Freude am halsbrecherischen Vertragsabschluß zumindest haben sie ihm bis heute nicht nehmen können. »Manchmal haben wir auch Verluste gemacht, zum Beispiel mit *Endlose Liebe* oder *Die Hunde sind los.* Der größte Flop, den Jugendfilm jemals landete, war der Celentano-Film *Joan Lui.* Alle anderen Filme mit Adriano waren sehr erfolgreich. Das ist eben das Risiko. Filmgeschäft ist wie Spielcasino.« Und um gleich noch eine Binsenweisheit hinterherzuschicken: Daß eben nichts gewinnt, wer nicht zuvor etwas gewagt – dies Sprüchlein hat man sich als Inschrift auf Jürgen Wohlrabes Wiege vorzustellen.

Weiter auf Seite 56

Der Filmverleiher vor seinem Lieblingsklassiker: ›Der blaue Engel‹ mit Marlene Dietrich

1984

Bundespräsident Richard von Weizsäcker mit Sergio Leone anläßlich der Deutschland-Premiere von ›Es war einmal in Amerika‹ in Bonn

V. l. n. r.: Jürgen Wohlrabe, Jennifer Connelly, Robert de Niro und Sergio Leone

Es war einmal in Amerika

»Meine Fassung hatte Seele«

Mark Damon hatte Sergio Leones Meisterwerk bereits an einen Mitbewerber verkauft, als Produzent Arnon Milchan seine Meinung revidierte und Jugendfilm die epochale Gangstergeschichte für 5,4 Millionen Mark abtreten wollte. Milchan rief Wohlrabe zu nachtschlafender Stunde in Berlin an, um ihn über seinen Entschluß zu informieren. Dieser flog auf der Stelle nach New York und erhielt den Zuschlag – freilich unter der Bedingung, daß Jugendfilm ihm auch Martin Scorseses »King of Comedy« mit Robert de Niro und Jerry Lewis abnehme. Wohlrabe willigte ein, obwohl »Es war einmal in Amerika« lediglich als Kino- und Videofassung zur Verfügung stand und verstieß damit gegen sein ehernes Prinzip, nur Filme mit sämtlichen Auswertungsrechten zu erwerben.

Alfred Kamm war schockiert und begann ernsthaft, am Verstand seines Arbeitgebers zu zweifeln. Wohlrabe hingegen, vom Erfolg seiner Einkäufe überzeugt, zahlte die vereinbarte Summe von 5,4 Millionen, steckte zwei weitere Millionen in die Ausstattung und verkaufte noch am Flughafen in Rom die Videorechte seiner beiden Neuerwerbungen. Die eigentlichen Probleme begannen jedoch erst jetzt: Wohlrabe und seine Mitstreiter sahen sich mit der undankbaren Aufgabe konfrontiert, Leones Sechs-Stunden-Epos auf eine »spielbare« Länge zu bringen. »Wir saßen in Rom mit Leone, Milchan, Damon und dem Produzenten Alan Ladd junior im Schneideraum und schnippelten weg, was nur möglich war. Leone jammerte bei jedem Schnitt, aber mit vereinten Kräften brachten wir die Länge auf drei Stunden und vierzig Minuten herunter. Die Amerikaner schnitten noch kürzer, aber ihre Fassung war seelenlos. Meine Fassung hatte Seele. Der Film lief dann ausgezeichnet, brachte Geld aber nur in Deutschland. Sergio Leone, Robert de Niro und Jennifer Connelly kamen zum Kinostart nach Deutschland.« Durch diese Promotion gelang es Wohlrabe, seinen guten Ruf als Filmverleiher auch in Amerika zu festigen.

Oben: Jürgen Wohlrabe mit Mark Damon und seiner Ehefrau Mary

Unten: Fototermin nach der Pressekonferenz

1984

Es war einmal in Deutschland . . .: Promotion-Tour für einen großen Film

WILLKOMMEN
SERGIO LEONE
ZUR DEUTSCHEN PREMIERE
STERN BONN
Der Schöpfer von
„Spiel mir das Lied vom Tod“
Sergio Leone
ES WAR EINMAL
IN AMERIKA
ES WAR

Gruppenbild mit Mitarbeitern 1957 (v. l. n. r.): Klaus Malzahn, Curt Nuthmann, Günter Winkel, Alfred Kamm, Willy Wohlrabe, Christian Kleemann, Karl Friedrich Wohlrabe, Heinz Schwierske, Kay-Dietrich Wulffen

Gruppenbild mit Mitarbeitern 1980 (v. l. n. r.): Joachim Müller, Artur Müller, Reinhold Hoffmann, Gabriele Bäumler, Hans-Walter Götz, Jürgen Wohlrabe, Wolfgang Böttinger, Peter Czech, Alfred Kamm, Rainer Balcke, Erich Steinberg, Heinz Scheidinger, Christa Steinmeyer, Claus Rudolph

»Rufen Sie mich nach 22 Uhr an…«

Eine der Konsequenzen dieser Grund- und Lebenshaltung besteht im Prinzip der fröhlichen Selbstausbeutung. Das Wort »Freizeit« kommt in Wohlrabes Vokabular nicht vor. So ist Jugendfilm nicht nur der älteste deutsche Filmverleih, sondern auch der einzige, bei dem man an Wochenenden oder an Feiertagen noch jemanden erreichen kann. Wohlrabe fordert von seinen Mitarbeitern, was er auch sich selbst abverlangt:

Jugendfilm-Betriebsausflug nach Wien, 1985

Rechtsanwalt und Asterix-Fan Dr. Ludwig Söldner

Frankreich-Repräsentant George Pilzer

Gruppenbild mit Heldinnen 1993 (v. l. n. r.): Christa Hanßen, Renate Schnabel, Inge Reygers, Ingeborg ten Elsen, Ulrike Billerbeck

pausenlose Einsatzbereitschaft. Wer's aushält, verdient Respekt, wer hingegen meutert, sollte sich besser gleich nach einem neuen Arbeitsplatz umsehen. So lauten nun einmal die Konditionen, bei denen zumindest jeder weiß, woran er ist. Wohlrabe selbst verkörpert den Typus des ›Workaholic‹ par excellence. Eine seiner Lieblingsformeln, von verblüfften Journalisten kolportiert, lautet bezeichnenderweise: »Rufen Sie mich nach 22 Uhr an. Da habe ich etwas Ruhe, da können wir reden.«

Es braucht wohl kaum hinzugefügt zu werden, daß Wohlrabe ohne seinen loyalen, überaus fleißigen und vor allem kinobegeisterten Mitarbeiterstab den Betrieb nicht in Bewegung halten könnte. Daß trotz des permanenten Hochdrucks in seinem Team der Humor überwiegt, bezeugt nicht zuletzt eine auffallende Neigung zur Produktion von Knittelversen. Fast hat es den Anschein, als böte sich in solch liebevoll-subversiven Reimen eine treffliche Gelegenheit, um ungestraft ein wenig Dampf ablassen zu können. Sicher ein notwendiges Ventil, das auf charmante Art und Weise die Überlebensstrategien der wackeren Getreuen veranschaulicht. Hier ein Beispiel aus dem Jahr 1984. Es trägt den scheinbar lapidaren Titel »Ein Tag in Jugendfilm«:

»Big Boss hat wieder seine Launen –
es braust sein Ruf wie Donnerhall.
Durch die Kollegen geht ein Raunen –
man saust herbei mit Überschall.

Im Gang entsteht ein Mords-Gedränge,
Kollegen rasen durch den Flur;
es gibt von ihnen eine Menge
und sie bewegen sich im Laufschritt nur.

Und die Krönung ist Herr JüWo,
er ist wirklich smart.
Er liebt seine Sklaven alle
auf seine ganz besondre Art.«

Joachim Müller

Gruppenbild mit Mitarbeitern 1993, hintere Reihe (v. l. n. r.): Eckbert Oehmig, Boris Dallmann, Regine Heintzl, Karin Koza; vorletzte Reihe: Lothar Magnan, Ana-Cristina Weinert, Ulrike Billerbeck, Sabine Oehmig, Hans-Georg Martin;
3. Reihe v. vorne: Natalie Ribeau, Marc Hertling, Cathrin Wieczorek, Christa Kistner;
2. Reihe: Rita Heinst, Renate Schnabel, Harry Latzel;
vorderste Reihe:
Christa Hanßen, Jürgen Wohlrabe, Ingeborg ten Elsen, Inge Reygers, Hannelore Weigel, Vera Mog

1986

Bei der Bonner Gala-Premiere des ›letzten Kaisers‹ (v.l.n.r.): Bernardo Bertolucci, der Botschafter der Volksrepublik China, Produzent Jeremy Thomas und Jürgen Wohlrabe

3 Millionen Besucher: Jürgen Wohlrabe und Herbert Strate bei der Verleihung der ›Goldenen Leinwand‹ für den ›letzten Kaiser‹, 1987

Der Regisseur und sein Produzent: Bernardo Bertolucci im Gespräch mit Jeremy Thomas

Der letzte Kaiser

Die Macht der Gefühle oder »China ist in«

Terry Glinwood, langjähriger Freund des Hauses, und Jürgen Wohlrabe

Als Bernardo Bertoluccis Filmprojekt um den chinesischen Kaiser Pu Yi entstand, hatte Jürgen Wohlrabe »das untrügliche Gefühl, daß China in ist«. Abgesehen davon wußte er nur, daß der große Peter O'Toole mitspielen würde. Bertoluccis Reputation war zu dieser Zeit in filmwirtschaftlichen Kreisen nicht sonderlich gut, denn »1900«, sein monumentaler Zweiteiler zur Geschichte Italiens, hatte sich als Flop erwiesen. Und auch seine vorherigen Filme – mit Ausnahme des »letzten Tango von Paris« – fanden weit eher Anerkennung bei Cineasten und professionellen Filmkritikern als beim breiten Kinopublikum. Wohlrabe jedoch vertraute seinem Instinkt und erwarb für 3 Millionen Mark bei dem Londoner Weltvertriebshändler Terry Glinwood sämtliche Rechte. Seine »Nase«, sicher das Zentralorgan eines erfolgreichen Filmverleihers, sollte ihn nicht täuschen: Die Bonner Galapremiere im Oktober 1987, die durch Empfänge beim Bundespräsidenten und in der chinesischen Botschaft abgerundet wurde, war der Auftakt eines überragenden Publikumserfolgs. Auch die Kritik verteidigte diesmal einhellig Bertoluccis einfühlsames fernöstliches Opus. Der Film gewann schließlich neun »Oscars« und in Deutschland eine »Goldene Leinwand«, »Mit ihm«, so Wohlrabe, »hatten wir unseren bisher größten Kinoerfolg.«

1988

Promotion-Tour für ›Rambo‹
Sylvester Stallone,
oben rechts Wim Wenders,
Mitte unten Produzent Mario Kassar

Rambo III

Gemischte Gefühle oder »Stallone festgenommen«

Die beiden vorangegangenen »Rambo«-Filme brachten in Deutschland gewaltige Einnahmen. »Rambo III« ging nun für 4,5 Millionen Dollar an Jugendfilm. Wohlrabe, der sich postwendend den Kopf über die geeignete Promotion-Strategie für diesen nicht eben friedfertigen Stallone-Film zerbrach, wandte sich an die Filmbewertungsstelle in Wiesbaden (FBW); man möge das Ganze doch tunlichst als einen »gehobenen Märchenfilm« verstehen. Schließlich sei alles eine Frage des Standpunkts. Als einige Zeit später die Antwort eintraf, hatte man in der Lietzenburger Straße Grund zum Jubeln: Der Action-Film war mit dem Prädikat »wertvoll« ausgezeichnet worden. Zudem gab die »Freiwillige Selbstkontrolle der Filmwirtschaft« (FSK) das Spektakel bereits ab 16 Jahren frei. Daß diese Entscheidung mit durchaus gemischten Gefühlen aufgenommen wurde und für einigen Furor in der Presse sorgte, scheint paradoxerweise einer der Gründe für den durchschlagenden Erfolg von »Rambo III« gewesen zu sein. Erzeugten doch die mitunter heftigen Reaktionen eben jenen Wirbel, den ein Film benötigt, um zum »Ereignis« werden zu können. Dieser hier brachte es schließlich auf knapp drei Millionen Besucher.

Anläßlich der Premiere wollte Wohlrabe Hauptdarsteller Sylvester Stallone, der im Privatjet und in Begleitung mehrerer Bodyguards nach Berlin gekommen war, den Osten der damals noch geteilten Stadt bei Nacht zeigen. Stallone jedoch, der vom sowjetisch besetzten Sektor seine eigenen Vorstellungen mitbrachte, zog eine Besichtigung bei Tageslicht vor. Mitsamt seiner Leibwächter-Garde fuhr er in großen amerikanischen Limousinen zum Checkpoint Charly. Dort ließen die Volkspolizisten zwar seine private Schutztruppe passieren, der Zelluloidheld selbst jedoch, der es im Kino eben noch mit der gesamten Sowjetarmee aufgenommen hatte, wurde als »politisch unerwünschte Person« nicht eingelassen. Wohlrabe mobilisierte prompt alle verfügbaren Medien und löste mit der Schlagzeile »Stallone festgenommen« eine enorme (kostenlose) Publicitywelle aus.

›Machen Sie eine typische Handbewegung!‹ – Sylvester Stallone und Jürgen Wohlrabe

Asterix

Rund um die Uhr rund um die Welt

Als vorläufige Erfüllung seines jahrzehntelang gehegten Traums von einem Trickfilm-Unternehmen in internationalem Maßstab gelang es Wohlrabe 1989, die Weltrechte an sämtlichen bis dahin produzierten *Asterix* und *Lucky Luke*-Filmen zu erwerben. Seine 1979 gegründete Tochterfirma »Extrafilm Produktion Berlin« hatte sich bereits im Jahr 1987 die Rechte an *Asterix – Operation Hinkelstein* mit »Gaumont« geteilt. Nach dem durchschlagenden Erfolg dieses Films vor allem auf dem deutschen Markt entschied sich Wohlrabe jedoch für umfangreichere Investitionen. 1989 sicherte er seinem Haus nicht nur die Rechte an *Asterix in Amerika,* sondern darüber hinaus auch die Option auf die Verfilmung sämtlicher *Asterix*-Bücher. Unter den neuen vertraglichen Rahmenbedingungen entstanden unlängst die jüngsten Abenteuer des listigen Galliers bei der »Gerhard Hahn Filmproduktion« im Ost-Berliner Bezirk Prenzlauer Berg – dem einzigen deutschen Animations-

Albert Uderzo und Jürgen Wohlrabe

Links: René Goscinny

Das Team von ›Asterix in Amerika‹ (v. l. n. r.): Drehbuch-Coautor Thomas Platt, Jürgen Wohlrabe und der Regisseur Gerhard Hahn mit Gallier

V. l. n. r.: Albert Uderzo, Thomas Platt, Christine Wagner, Jürgen Wohlrabe und Gerhard Hahn

Albert Uderzo und Marc Wohlrabe

Linke Seite: Albert Uderzo und René Goscinny überwachen im Trickfilm-Studio die Produktion eines neuen Asterix-Films

Neue Stimmen für Obelix und Asterix (v. l. n. r.): Günter Pfitzmann, Jugendfilm-Pressemitarbeiterin Uta Oesterreich und Frank Zander

Mitte rechts: Asterix und Jürgen Wohlrabe mit der ›Goldenen Leinwand‹

Obelix und sein Verleiher ...

Asterix-Fans (v. l. n. r.): Marc Hertling, Marc Wohlrabe und Edi A. Stöckli (Filmfonds MBG)

studio von Weltrang. *Asterix in Amerika,* die siebte Kinoepisode aus dem Leben des kleinen schnauzbärtigen Recken, kommt nach dreijähriger Produktionszeit im Herbst 1994 in die Kinos. An der Realisierung haben rund 200 Zeichner und Animatoren aus aller Welt gearbeitet. Regisseur des Films ist Gerhard Hahn, der u.a. bereits *Werner Beinhart* in Szene gesetzt hatte. Albert Uderzo firmierte wiederum als Supervisor und war im übrigen voll in die Produktion eingebunden. Mit einem Budget von 18 Millionen Mark ist *Asterix in Amerika*, eine filmische Adaption des Buchs »Die große Überfahrt«, gegenwärtig das größte deutsch-französische Kulturprojekt. Nicht allein deswegen, sondern wohl vor allem aufgrund seiner langjährigen Bemühungen um die Verbreitung des französischen Films in Deutschland wurde Jürgen Wohlrabe 1989 vom damaligen Kultusminister Jacques Lang mit dem Orden »Chevalier de l'Ordre des Arts et des Lettres« ausgezeichnet.

Ehrungen wie diese, zu denen auch die Verleihung der Ehrenmedaille der Stadt Wien im Jahre 1990 zu zählen wäre, scheinen Wohlrabes unermüdlichen Einsatz – rund um die Uhr rund um die Welt – voll und ganz zu rechtfertigen. Auf dem europäischen Markt hat »Extrafilm« schon seit geraumer Zeit eine Führungsposition inne. Hat Wohlrabe doch mit *Lucky Luke,* den Don-Bluth-Filmen oder mit *Tom & Jerry* eine Vielzahl an Publikumslieblingen im Repertoire. Dabei ist es vor allem den *Asterix*-Filmen zu verdanken, daß der Verleih heute zu den wichtigsten und populärsten Repräsentanten der europäischen Zeichentrick-Produktion zählt. Da *Asterix* auch in Zukunft in Berlin hergestellt werden soll, dürfte neben Jürgen Wohlrabe und seinem verdienstvollen Haus auch die wiedervereinte Metropole als Filmstandort an Ansehen gewinnen.

Jürgen Wohlrabe bei der Verleihung der Ehrenmedaille der Stadt Wien 1990

Die österreichische Verbindung: Mit Anton Langhammer, dem Geschäftsführer von Constantin in Wien, verbindet Wohlrabe eine langjährige Freundschaft, deren Wurzeln bis in die erste Generation von Jugendfilm zurückreichen. Was der Tycoon der Alpenrepublik an Wohlrabe besonders schätzt, ist neben ›diesem gewissen Instinkt für das Filmgeschäft‹ sein ›spezifischer Sinn für Humor‹

Das Haus in der Reichsstraße vor seiner Renovierung

Epilog. Was gut ist, setzt sich durch

1992 ging der vorerst letzte Umzug von Jugendfilm über die sprichwörtliche Bühne. Wohlrabe verlegte sein Unternehmen komplett in das firmeneigene Gebäude in der Reichsstraße 15 – eine 1924 erbaute Stadtvilla im Berliner Bezirk Westend, die zu diesem Zweck gründlich renoviert und umgebaut wurde. Sie gibt gewiß einen würdigen Rahmen für das 60jährige Jubiläum ab, das Wohlrabe und sein Team in diesem Jahr feiern können. Sechzig Jahre Jugendfilm, das heißt nicht weniger als sechzig Jahre Filmgeschichte, die ja immer auch als ein Spiegel der Zeit gesehen werden kann. Überblickt man den bewegten und nicht selten unruhigen Werdegang des Hauses Wohlrabe von den märchenhaften Anfängen bis zur Gegenwart, so hat man nicht nur eine in dieser Form sicher einzigartige Firmen- und Familiengeschichte vor Augen, sondern ganz ebenso ein Panorama jener Zeitläufte, in denen ein solcher Aufstieg möglich war. Ein Jubiläum liefert stets den Anlaß zu einem nachdenklichen Blick zurück nach vorn, der Vergangenheit, Gegenwart und Zukunft eigentümlich zusammenspannt. Anders als im alltäglichen Getöse ist man an solchen Tagen versucht, das Geleistete zu summieren, den eigenen Standpunkt zu definieren und einen vorsichtigen Ausblick aufs Zukünftige zu riskieren.

Weiter auf Seite 78

Jugendfilm aus der Luft

Bauarbeiten in der Reichsstraße, 1991

Bekannte Gesichter – gemischte Anlässe

Pressekonferenz zu ›Der Bruch‹ 1989 mit (v. l. n. r.): Hermann Beyer, Ulrike Krumbiegel, Wolfgang Kohlhaase, Rolf Hoppe, Frank Beyer, Otto Sander u. a.

Synchronaufnahmen zu ›Charlie – Alle Hunde kommen in den Himmel‹ 1990 (v. l. n. r.): Jürgen Wohlrabe, Andreas Hommersheim, Harald Juhnke, Karl-Heinz Bauer und Roberto Blanco

V. l. n. r.: Robert Wijsmuller (Concorde-Film Holland), Ana Weinert und Massimo Graziosi, Europachef von Castle Rock

›Harry & Sally‹-Hauptdarsteller Billy Crystal mit Jürgen Wohlrabe

1991 verfilmte die polnische Regisseurin Agnieszka Holland das Schicksal des deutschen Juden Salomon (Sally) Perel, der in der Verkleidung des ›Hitlerjungen Salomon‹ den Nationalsozialismus überlebte. Das Drehbuch der von Artur Brauner produzierten authentischen Geschichte, die in den USA ausgezeichnete Kritiken erhielt, wurde, den Widerständen der deutschen Auswahlkommission zum Trotz, von der amerikanischen Filmakademie für den Oscar nominiert.

Links: Sally Perel und Jürgen Wohlrabe

Der Darsteller des ›Hitlerjungen Salomon‹, Marco Hofschneider, mit Heinz Galinski und Jürgen Wohlrabe

Jugendfilm-Fest während der Berlinale 1992

Berühmte Filme – große Besetzung

›Naked Lunch‹, 1992 (v. l. n. r.): Regisseur David Cronenberg, Hauptdarsteller Peter Weller, Jürgen und Karl Friedrich Wohlrabe und Produzent Jeremy Thomas

›Indochine‹, 1992: Catherine Deneuve und Jürgen Wohlrabe

›Und der Himmel steht still‹, 1993: Hauptdarstellerin Isabella Rossellini und Judith Wohlrabe (Mitte r.)

›Tom und Jerry – Der Film‹, 1992 (v. l. n. r.): die Lizenzgeber François Duplat, Ted Turner, Justin Ackermann, Hans Brockmann und Winfried Hammacher

›Atlantis‹, 1993: Regisseur Luc Besson (links u. unten), mit seinem Komponisten Erik Serra und Jürgen Wohlrabe bei der Deutschland-Premiere des Films in Köln

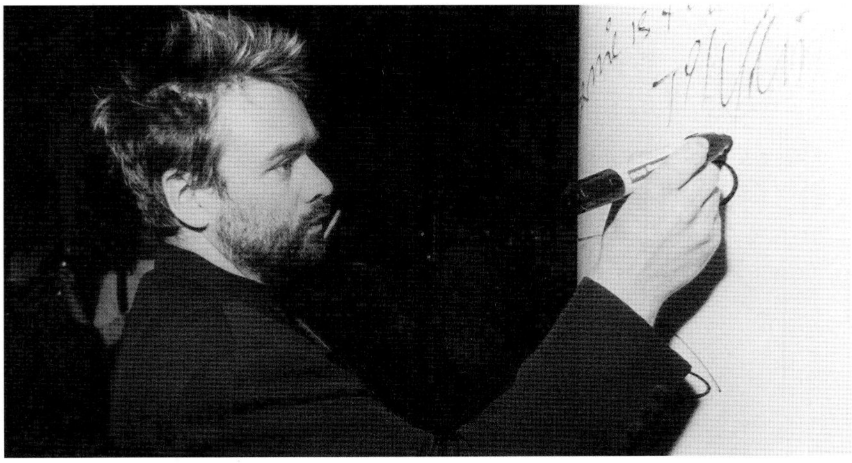

›Eine ganz normal verrückte Familie‹, 1992: Tom Selleck und Jürgen Wohlrabe (Mitte l.)

Jürgen Wohlrabe mit dem Tom & Jerry-Erfinder Joe Barbera

Medien-Partnerschaften

Jürgen Wohlrabe mit ... Carola Wedel (o. l.), ...Margarete Schreinemakers (o. r.), ... Helmut Thoma und Günter Müggenburg (Mitte l.), ... Ernst Benda (Mitte r.), ... Christian Krug und Jeremy Thomas am Set von *Little Buddha* in Nepal (u. l.), ... Ulrich Schamoni und Georg Gafron (u. r.)

... Uschka Pittroff, Sohn Marc und Gabriella Schaeffling (o.), Ehefrau Joubi und Wintergarten-Chef und Waldbühnen-Partner Peter Schwenkow (Mitte l.), Marion Gräfin Dönhoff und Gerd Bucerius (Mitte r.), Erhart Puschnig und Ehefrau (u. l.), Eberhard Diepgen und Repräsentanten der damaligen DDR-Filmwirtschaft, Horst Pehnert (l.) und Helmut Diller (u. r.)

Die Branche unter sich

Kutschfahrt mit
Didi Hallervorden (4. v. r.),
Alfred Kamm (2. v. l.),
Anton Langhammer (3. v. r.)
und Filmtheaterbesitzern

Jürgen Wohlrabe mit …
Chris Koppelmeier (Mitte l.),
Roland Caspary (Mitte),
… Herbert Strate (Mitte r.)

Der Jugendfilm-Sonderzug

V. l. n. r.: Frau Peterka, Liselotte Jaeger, Gerd Peterka, Gerhard Closmann und Manfred Ewert

Jürgen Wohlrabe mit ...
Liselotte Jaeger (Mitte l.),
... Prof. Horst von Hartlieb (Mitte), Heinz Riech (Mitte r.)
... den Verleiherkollegen (v. l. n. r.) Gebhardt, Marbach, Sundarp, Molgedey und Hesse (l.)

1994

Little Buddha

Der amerikanische Freund oder Ortstermin im Hochgebirge

Ein schönes Exempel für den Stellenwert persönlicher Bekanntschaften als einer der wesentlichen Geschäftsgrundlagen der Filmbranche gab in diesem Jahr der jüngste Bernardo Bertolucci-Film »Little Buddha« ab. Schon seit Jahren verbindet Jugendfilm eine enge, stetig gewachsene Freundschaft mit dem amerikanischen Produzenten Jeremy Thomas. Als dieser über die Vergabe der mit Keanu Reeves hervorragend besetzten Verfilmung der indischen Siddharta-Legende zu entscheiden hatte, benötigte sein Intimus »Jurgen« keinen allzu langen Atem, um schließlich für 3,5 Millionen Dollar den Zuschlag zu erhalten. Nach »Der letzte Kaiser« und »Himmel über der Wüste« war dies bereits der dritte Bertolucci-Film, der in Wohlrabes Obhut gegeben wurde – in diesem Fall sogar trotz besserer Angebote von anderen Verleihfirmen.

Im Zuge einer aufwendigen PR-Aktion wurde alsbald eine Auswahl von zehn renommierten Journalisten und Kinobesitzern zu einem Ortstermin nach Nepal transportiert. Dabei scheint der für Jugendfilm schon obligatorische Besuch am Set, der neben erhellenden Einblicken in die Entstehung eines Films auch persönliche Gespräche mit dem Regisseur und den Schauspielern beinhaltet, noch die harmloseste unter jenen Prüfungen gewesen zu sein, denen sich die versammelten Vertreter der Zunft fern der Heimat und unter Jürgen Wohlrabes sachkundiger Führung zu unterziehen hatten. So wurde, um nur einen der vielfältigen Programmpunkte zu nennen, anläßlich eines Ausflugs ins Hochgebirge – im Windschatten eines erprobten Gipfelstürmers – der Himalaja bestiegen. Ob der Kinoliebhaber unter solchen Umständen nicht eine Stippvisite im zentralbeheizten Studio vorgezogen hätte, muß dahingestellt bleiben. Eines indessen steht fest: Wer mit Jürgen Wohlrabe auf Reisen geht, sollte über eine solide Kondition verfügen.

Ein hochrangiger Gast zu Besuch in Berlin: der Dalai Lama

Linke Seite: Regisseur Bernardo Bertolucci und Hauptdarsteller Ying Ruocheng bei der Premiere von *Little Buddha* zur Eröffnung der Berlinale 1994

Drei Generationen im Dienste des Films: Willy, Karl Friedrich und Jürgen Wohlrabe, festgehalten von Renato Casaro

Jede »Vita activa«, die eines Gipfelstürmers zumal, bedarf eines ruhenden Gegenpols. In Wohlrabes Fall wird er von seiner Ehefrau Joubi sowie von seinen beiden Kindern Judith und Marc verkörpert. Es ist seine Familie, über die Wohlrabe vor allem anderen den notwendigen Rückhalt für seinen aufreibenden Lebenswandel bezieht.

Sollte das Erfolgsrezept des Unternehmens tatsächlich auf dem familieneigenen Mischungsverhältnis von Kontinuität und Risikobereitschaft, von Tradition und Innovation und nicht zuletzt auch von Branchenkenntnis und Instinkt basieren, so dürfte die Frage der Nachfolge einen zentralen Stellenwert in Jürgen Wohlrabes Planungsskizzen einnehmen. Nicht, daß der Prinzipal des Konzerns, der seit nunmehr dreißig Jahren auch als Parlamentarier tätig ist, bereits an seinen Rücktritt dächte; für derartige Überlegungen scheint Wohlrabes offensives Wesen nicht geschaffen zu sein. Liest man etwa seine kämpferischen Thesen gegen die marktbeherrschenden amerikanischen Majorfirmen oder zur deutschen Filmförderung (»Kino funktioniert nur mit erfolgreichen Filmen«), so glaubt man es mit einem Preisboxer zu tun zu haben, der die harten Bedingungen des Marktes einer be-

Die nächste Generation:
Marc, Judith
und Jürgen Wohlrabe

quemen finanziellen Grundausstattung allemal vorzieht. »Ich plädiere dafür, daß die deutsche Filmförderung Zug um Zug abgebaut wird. Würden die Filmförderungsgelder nicht mehr zur Verfügung stehen, würde weniger Mist produziert werden, und es würde wieder für ein großes Publikum hergestellt.«

Wohlrabes Sohn Marc, der als potentieller Erbe die Geschicke der Firma in der vierten Generation lenken soll, wird sich beizeiten an das Berufsethos seines Vaters erinnern. Vor allem wohl an die Grundhaltung, die sich hinter seinem Plädoyer für die regulierenden Kräfte der Marktwirtschaft verbirgt. Erscheint doch zu Zeiten knapper werdender staatlicher Ressourcen eine Besinnung auf die Qualität der Filme, und das heißt eben auch: auf ihre Popularität, unabdingbar. Wollte man Wohlrabes Standpunkt in eine einfache Formel übersetzen, hätte sie etwa zu lauten: »Was gut ist, setzt sich durch«. Sollte nun noch über Gemeinsamkeiten zwischen Großvater, Sohn und Enkel nachgedacht werden, über den gemeinsamen Nenner des Wohlrabeschen Gesamtkunstwerks, dann wäre zu erwidern: Er liegt im Glauben an das Publikum.

Märchen- und Kinderfilme

SEIDEL
Rotkäppchen
Ein Farbfilm nach dem Märchen der Gebr. Grimm
Produktion Schongerfilm · Verleih

PRINZESSIN
Dornröschen
EIN KINDERSPIELFILM

Ein Farbfilm nach dem Märchen
von August Kopisch
Die
Heinzelmännchen
Produktion: Schonger Film Verleih: Jugendfilm Prädikat: wertvoll

RUMPELSTILZCHEN
EIN FARBIGER MÄRCHENSPIELFILM NACH GEBRÜDER GRIMM

Aschenbrödel
Ein farbiger Märchenfilm
Mit Libuše Šafránková, Pavel Trávniček, Rolf Hoppe, Karin Lesch, Carola Braunbock, Daniela Hlaváčová
Regie: Václav Vorliček · Kamera: Josef Illík · Bauten: Alfred Thomalla · Musik: Karel Svoboda
Produktion: DEFA/Berlin-Barrandov/Prag · Verleih:

EIN FARBIGER MÄRCHENFILM
mit
Margitta Sonke Harry Wüstenhagen Christa Oenicke
Der gestiefelte Kater
NACH GEBRÜDER GRIMM
Verleih:

Verleih: Jugendfilm
Tischlein deck dich
Goldesel streck dich – Knüppel aus dem Sack
Ein Farbfilm nach dem Märchen der Gebrüder Grimm
Produktion: Schonger Film Prädikat: wertvoll

Der Wolf und die sieben Geisslein
Ein Farbfilm nach dem Märchen der Gebrüder Grimm
Produktion: Schonger Film
Prädikat: wertvoll
Verleih: Jugendfilm

Ein farbiger Kinderspielfilm
Hänsel und Gretel
JUGENDFILM VERLEIH
SCHONGERFILM

HÄNSEL und GRETEL
Verleih: Jugendfilm

HÄNSEL und GRETEL
Verleih: Jugendfilm

Schneewittchen
und die 7 Zwerge
Ein Farbfilm nach dem Märchen
der Gebrüder Grimm
Produktion: Schonger Film Verleih: Jugendfilm
Prädikat: wertvoll

Schneewittchen UND DIE ZWERGE

Schneewittchen UND DIE ZWERGE

Schneewittchen UND DIE ZWERGE

Schneewittchen UND DIE ZWERGE

Schneewittchen UND DIE ZWERGE

Schneewittchen UND DIE ZWERGE

Max und Moritz
FÖRSTER film
JFV JUGENDFILM VERLEIH
EIN FARBFILM
BILD- UND VERSGETREU
NACH DEM
BESTBEKANNTEN BUCH
VON Wilhelm Busch
MUSIK VON NORBERT SCHULTZE
Druck: Pedersen, Berlin SW 68

Max und Moritz
Verleih: Jugendfilm

Max und Moritz
Verleih: Jugendfilm

Frau Holle
Ein Farbfilm nach dem Märchen der Gebrüder Grimm
Produktion: Schonger Film
Verleih: Jugendfilm
Gebhard

Das tapfere
SCHNEIDERLEIN
EIN KINDERSPIELFILM
NACH DEM MÄRCHEN DER GEBR. GRIMM

Der kleine
Muck
EIN MÄRCHENFILM
HERSTELLER: SONNEFILM FRANZ FIEDLER

KASPERS
REISE
INS
MÄRCHENLAND

NACH DEM MÄRCHEN VON H.C. ANDERSEN
Die Prinzessin und der Schweinehirt
EIN INFA-FILM IM JUGENDFILM-VERLEIH

EIN MÄRCHENFILM
König Drosselbart
NACH GEBRÜDER GRIMM

10 KLEINE
NEGER LEIN
BUCH:
Emil Surmann
REGIE:
Rolf von Sydow
MUSIK:
Norbert Schultze
EIN FILM NACH DEM BEKANNTEN KINDERLIED

Peter
und der
Riese
EIN MÄRCHENFILM
MIT KINDERN UND TIEREN

Aufruhr
im
SCHLARAFFENLAND
EIN ABENTEUERLICHER SPIELFILM
FÜR DIE JUGEND
mit ALEXANDER ENGEL · HARRY WÜSTENHAGEN
KORDULA TRANTOW
ES SINGEN DIE SCHÖNEBERGER SÄNGERKNABEN
Regie: OTTO MEYER

RÜBEZAHL
Herr der Berge
Ein Farbfilm nach alten Sagen
aus dem Riesengebirge
mit FRANZ ESSEL · ROLF v. NAUCKHOFF · BOBBY TODD
und vielen anderen
REGIE: ERICH KOBLER

Jugendfilme

Ein phantastisches Abenteuer im Land der Ferne
ASTRID LINDGREN
MIO mein MIO
Mit TIMOTHY BOTTOMS · SUSANNAH YORK und CHRISTOPHER LEE sowie NICHOLAS PICKARD als Mio und CHRISTIAN BALE als Jum-Jum
Buch WILLIAM ALDRIDGE nach dem Roman von ASTRID LINDGREN
Kamera ALEXANDER ANTIPENKO Musik ANDERS ELJAS Special Effects DEREK MEDDINGS Produzent INGEMAR EJVE Regie VLADIMIR GRAMMATIKOV
Eine Produktion der NORDISK TONEFILM/GORKY FILM STUDIO/NORWAY FILM DEVELOPMENT CO/SWEDISH FILM INSTITUTE – V/O SOVINFILM

Das weiß doch jeder ganz genau: bei Pippi gibt's die größte Schau!
Ein Riesenspaß für Groß und Klein: So toll kann's nur bei Pippi sein!
Inger Nilsson als Pippi Langstrumpf
Die neuesten Abenteuer von Pippi Langstrumpf
Pippi ausser Rand und Band
mit Maria Persson · Aär Sundberg · Hans Alfredson · Walter Richter · Kurt Zips · Benno Sterzenbach · Buch Astrid Lindgren · Regie Olle Hellbom
Ein Farbfilm im Verleih

Pippi ist wieder da!
Hier ist der zweite große Film nach dem weltberühmten Buch – noch fröhlicher – noch lustiger:
Die neuesten Abenteuer von Pippi Langstrumpf
Pippi geht von Bord
mit Inger Nilsson als Pippi
Nach dem bekannten Buch von Astrid Lindgren
Regie: Olle Hellbom
Ein Farbfilm im Verleih JUGENDFILM

Neue herrliche Abenteuer mit Pippi Langstrumpf in der Südsee
wie man sie aus den Büchern noch nicht kennt
Pippi in Taka-Tuka-Land
Die schönsten Abenteuer von Pippi Langstrumpf
Buch:
Astrid Lindgren
Alle Pippi-Bücher erscheinen im Verlag Friedrich Oetinger, Hamburg
mit Inger Nilsson als Pippi Langstrumpf
Maria Persson · Pär Sundberg · Alfred Schieske · Wolfgang Völz · Nikolaus Schilling · Regie: Olle Hellbom
Herstellungsleitung: Ernst Liesenhoff, Bengt Schöldström · Dialogregie: Helmut Harun · Musik: Georg Riedel · Pippi Langstrumpf-Lied: Jan Johansson, Konrad Elfers
Eine deutsch-schwedische Gemeinschaftsproduktion der IDUNA-FILM, München und KB NORD ART AB, Olle Nordemar, Stockholm
Ein FARBFILM der Constantin-Film

EIN FANTASTISCHES ABENTEUER
MICK
...mein Freund vom anderen Stern
EIN ALIEN
ZUM KNUTSCHEN
VISION INTERNATIONAL präsentiert eine R.J. LOUIS Produktion
mit CHRISTINE EBERSOLE · JONATHAN WARD · KATRINA CASPARY · LAUREN STANLEY und JADE CALEGORY
Musik ALAN SILVESTRI Musik Supervisor BROOKS ARTHUR Schnitt TOM WALLS Kamera NICK McLEAN
Produktionsleitung MARK DAMON und WILLIAM B. KORR Buch STEWART RAFFILL und STEVE FEKE Produzent R.J. LOUIS
DOLBY STEREO
VISION
Regie STEWART RAFFILL
Original Soundtrack bei
Verleih Jugendfilm

»Mir tun alle Menschen leid, die nicht in Bullerbü leben dürfen.« (Lisa)
DER NEUE KINOFILM VON ASTRID LINDGREN
ASTRID LINDGREN
Neues von uns Kindern aus Bullerbü
(Bullerbü II)
mit LINDA BERGSTRÖM · ELLEN DEMERUS · CRISPIN DICKSON WENDENIUS · TOVE EDFELDT · HENRIK LARSSON
HARALD LÖNNBRO · ANNA SAHLIN Kamera JENS FISCHER Schnitt SUSANNE LINNMAN Musik GEORG RIEDEL
Drehbuch ASTRID LINDGREN Produzent WALDEMAR BERGENDAHL Regie LASSE HALLSTRÖM
DOLBY STEREO
Verleih Jugendfilm

Ein liebevoller Film für die ganze Familie
SPATZI, FRATZI & CO
PETER USTINOV · SALVATORE "TOTO" CASCIO · ROBERTO ALPI · DELPHINE FOREST und JEAN CLAUDE BRIALY
DUCCIO TESSARI REMO FORLANI Buch ENNIO DE CONCINI und DUCCIO TESSARI Kamera MARCO ONORATO und CARLOS SUAREZ
Ausstattung FRANCO VANORIO Schnitt MARIO MORRA Musik DETTO MARIANO Produzent FRANCO CRISTALDI Regie DUCCIO TESSARI
Produziert von VIDES CINEMATOGRAFICA und GRUPPO FININVEST RETE ITALIA
Verleih Jugendfilm

Ein großes Abenteuer in einer Welt voller Zauber
LIPPELS TRAUM
nach dem Roman von Paul Maar
IRM HERMANN · CONSTANTIN TRETTLER · HANS CLARIN · GILA VON WEITERSHAUSEN · FELIX VON MANTEUFFEL · HANNELORE HOGER
KARL-HEINZ KÄFER PAUL MAAR Buch MARIA THERESIA WAGNER Bildgestaltung WOLFGANG TREU (BVK) Musik MICHAEL GAJARE Schnitt DAGMAR POHLE
Ausstattung PETER SCHARFF und ANDREAS RUDOLPH (SFK) Kostüme GABRIELE ARENDT-WENDLER (SFK) Co-Regie ANDREAS GRÜTZNER Regie KARL-HEINZ KÄFER
Eine Co-Produktion von ALPHA FILM · ALMA FILM und STUDIO HAMBURG ATELIER GmbH
VERLAG FRIEDRICH OETINGER
Verleih Jugendfilm

Als Buch weltberühmt -
jetzt als Film
von jung und alt geliebt!
Astrid Lindgren
Pippi Langstrumpf
Oetinger
Pippi Langstrumpf
mit Inger Nilsson als Pippi
und Pär Sundberg · Maria Persson
Margot Trooger · Hans Clarin · Paul Esser u. a.
Nach dem bekannten Buch von Astrid Lindgren
erschienen im Verlag Friedrich Oetinger, Hamburg
Regie: Olle Hellbom
Ein Farbfilm in deutsch-schwedischer Gemeinschaftsproduktion
der BETA-FILM, München und KB NORD ART AB., Stockholm
PRÄDIKAT: WERTVOLL
Verleih Jugendfilm
Puff

Astrid Lindgren
Pippi
Langstrumpf
Verleih Jugendfilm

Astrid Lindgren
Pippi
Langstrumpf
Verleih Jugendfilm

Astrid Lindgren
Pippi
Langstrumpf
Verleih Jugendfilm

Astrid Lindgren
Pippi
Langstrumpf
Verleih Jugendfilm

Astrid Lindgren
Pippi
Langstrumpf
Verleih Jugendfilm

Astrid Lindgren
Pippi
Langstrumpf
Verleih Jugendfilm

EIN FILM ZUM LACHEN UND ZUM TRÄUMEN
UND SICH VERZAUBERN LASSEN.
Ronja
Räubertochter
nach der gleichnamigen Erzählung
von ASTRID LINDGREN
mit HANNA ZETTERBERG als RONJA
DAN HAFSTRÖM als BIRK
BÖRJE AHLSTEDT als MATTIS
LENA NYMAN als LOVIS
PER OSCARSSON als BORKA
MED REVENTBERG als UNDIS
Kamera: RUNE ERICSON
Musik: BJÖRN ISFÄLT
Regie: TAGE DANIELSSON
Prädikat:
Besonders wertvoll
Das Buch zum Film erscheint
im Verlag Friedrich Oetinger · Hamburg
Eine Svensk-Filmindustri, AB Svenska Ord, Norsk Film A/S, AB Film-Teknik,
Taurus-Filmproduktion in Zusammenarbeit mit dem ZDF. © 1984 SF/Svenska Ord/Taurus
Verleih: Jugendfilm

98

Ronja
die
Räubertochter

Ronja
die
Räubertochter

Ronja
die
Räubertochter

Ronja
die
Räubertochter

Ronja
die
Räubertochter

Ronja
die
Räubertochter

UNÜBERTROFFEN – Einer der größten Filme der Welt!
EINE PRODUKTION VON
ALEXANDER KORDA
SABU
ALS
Der Dieb von Bagdad
mit CONRAD VEIDT · SABU · JUNE DUPREZ
JOHN JUSTIN · REX INGRAM · MARY MORRIS
REGIE: LUDWIG BERGER
MICHAEL POWELL
VERLEIH: · TECHNICOLOR

EINE PRODUKTION VON ALEXANDER KORDA
Verleih
Der Dieb von Bagdad
MIT CONRAD VEIDT · SABU · JUNE DUPREZ · JOHN JUSTIN · REX INGRAM · MARY MORRIS
REGIE: LUDWIG BERGER · MICHAEL POWELL TECHNICOLOR

EINE PRODUKTION VON ALEXANDER KORDA
Verleih
Der Dieb von Bagdad
MIT CONRAD VEIDT · SABU · JUNE DUPREZ · JOHN JUSTIN · REX INGRAM · MARY MORRIS
REGIE: LUDWIG BERGER · MICHAEL POWELL TECHNICOLOR

»Mir tun alle Menschen leid, die nicht in Bullerbü leben dürfen.« (Lisa)

Millionen kennen das Buch von Johanna Spyri, der Welterfolg als Film!
Heidi
WILLI BIRGEL · THEO LINGEN · HEINRICH GRETLER · ISA GÜNTHER · CARL WERY · TRAUTE CARLSEN
ELSBETH SIGMUND · THOMAS KLAMETH
(Heidi) (Geißenpeter)
Regie: Luigi Comencini
Ein Praesens-Film · Verleih

LAUREL & HARDY
WIR
sind vom Schottischen Infanterie Regiment
"BONNIE SCOTLAND"
EINE HAL ROACH PRODUKTION · REGIE: JAMES W. HORNE
EIN METRO-GOLDWYN-MAYER FILM IM VERLEIH

Endlich wieder im Kino !
„Gebt ihm den Nobelpreis des Humors"
„Er ist Chaplin ebenbürtig"
So urteilen berühmte Zeitgenossen
Karl Valentin ist
Karl Valentin
Der brillanteste Komiker deutscher Zunge
in dem wieder-
entdeckten
Filmjuwel
Donner Blitz und Sonnenschein
mit den unvergessenen Schauspielern
Ilse Petri, Hans Leibelt, Volker von Collande
Paul Florath, Käte Haack,
Aribert Wäscher,
Gerhard Bienert und Liesl Karlstadt
Regie: Erich Engels Im Verleih
Deutschlands
grösster Komiker
Sprachschöpfer, Nonsensredner........

Gert Fröbe als
Der Räuber Hotzenplotz
in einem Film von Gustav Ehmck

GERT FRÖBE
in seiner ersten
Doppelrolle
Mein Onkel Theodor
oder
wie man viel Geld im Schlaf verdient
Ein Film von Gustav Ehmck

„frisch"
„frech"
„fröhlich"
LUDWIG THOMAS
Lausbuben-geschichten
mit HANSI KRAUS als LUDWIG THOMA

Eine bezaubernde
Filmgeschichte
nach dem Buch von
ASTRID LINDGREN
Karlsson auf dem Dach
mit
MATS WIKSTRÖM · LARS SÖDERDAHL · CATRIN WESTERLUND u.v.a.
Regie: OLLE HELLBOM – Ein Farbfilm im Verleih JUGENDFILM

Der Krieg der Knöpfe
Ein Film von
Ives Robert
mit 100 Jungens
und Michel Galabru
Jacques Dufilho, Jean Richard
Pierre Trabaud u. a.
Drehbuch und Dialoge:
Françoise Boyer
nach dem Roman von
Louis Pergaud
Musik: José Berghmans
Kamera: André Bac
Produktion: de la Gueville
Danièle Delorme und Ives Robert
Verleih:
Jugendfilm
Prädikat:
wertvoll

Jimmy Bondi und sein
Wunderkäfer DUDU mit ihren
neuesten unglaublichen
Abenteuern
Ein Käfer auf Extratour
Robert Mark · Sal Borgese
Kathrin Oginski · Walter Giller · Walter Roderer
Buch und Regie: Rudolf Zehetgruber

Zeichentrickfilme

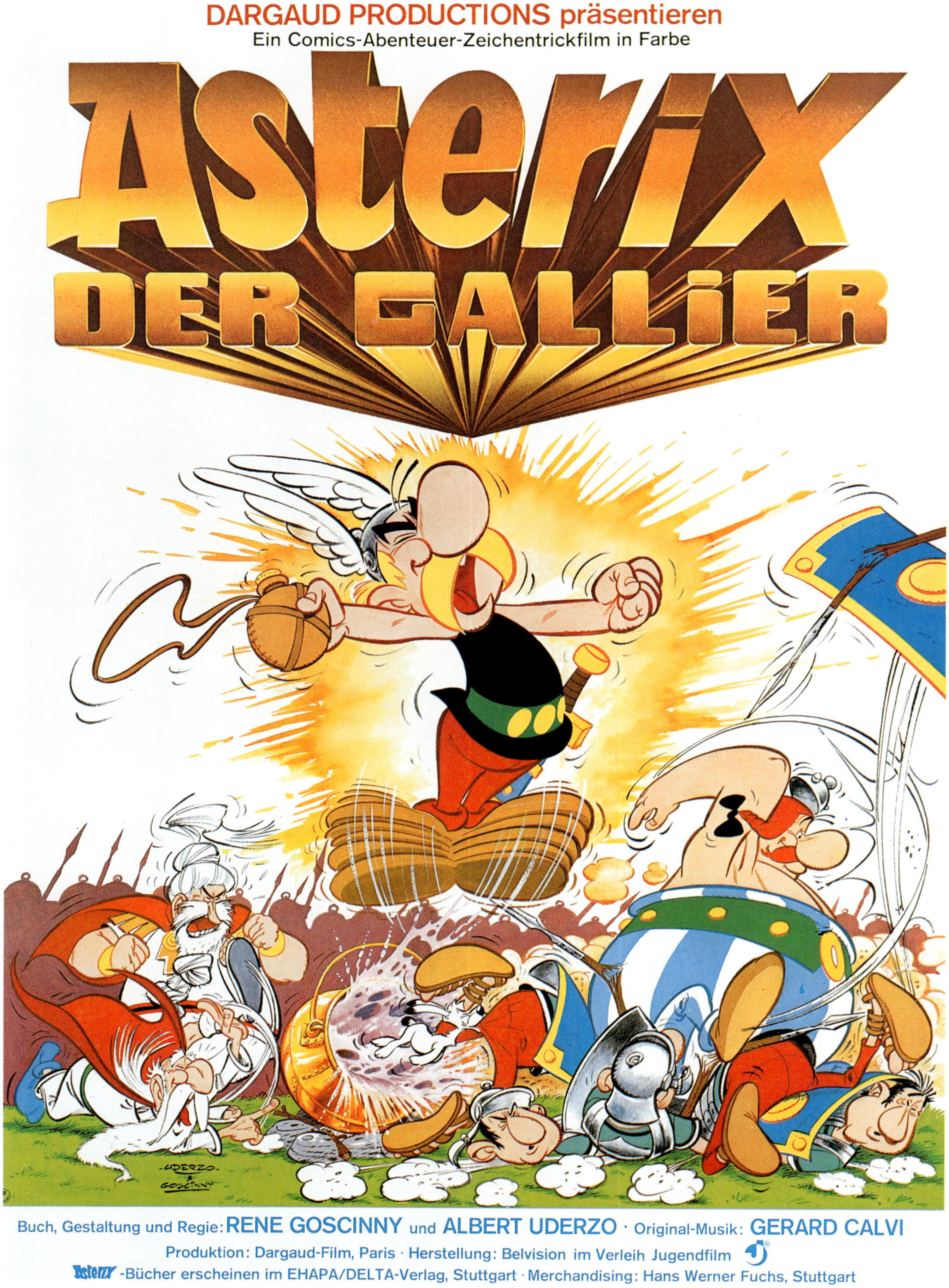
DARGAUD PRODUCTIONS präsentieren
Ein Comics-Abenteuer-Zeichentrickfilm in Farbe
Asterix
DER GALLIER
Buch, Gestaltung und Regie: RENE GOSCINNY und ALBERT UDERZO · Original-Musik: GERARD CALVI
Produktion: Dargaud-Film, Paris · Herstellung: Belvision im Verleih Jugendfilm
Asterix -Bücher erscheinen im EHAPA/DELTA-Verlag, Stuttgart · Merchandising: Hans Werner Fuchs, Stuttgart

RENE GOSCINNY · ALBERT UDERZO und GEORGES DARGAUD präsentieren
Asterix
UND
KLEOPATRA
Ein Superzeichentrickfilm
in Farbe
Jede Sekunde
ein Gag
UDERZO
x
GOSCINNY
Buch, Gestaltung und Regie: RENÉ GOSCINNY und ALBERTO UDERZO unter Mitarbeit und Beratung von PIERRE TSCHERNIA · Musik: GÉRARD CALVI
Produktion: Dargaud-Film, Paris/R. Leblanc, Brüssel · Eine Belvision-Produktion im Verleih
Asterix -Bücher erscheinen im EHAPA/DELTA-Verlag, Stuttgart · Merchandising: Hans Werner Fuchs, Stuttgart
EUROPRINT - München

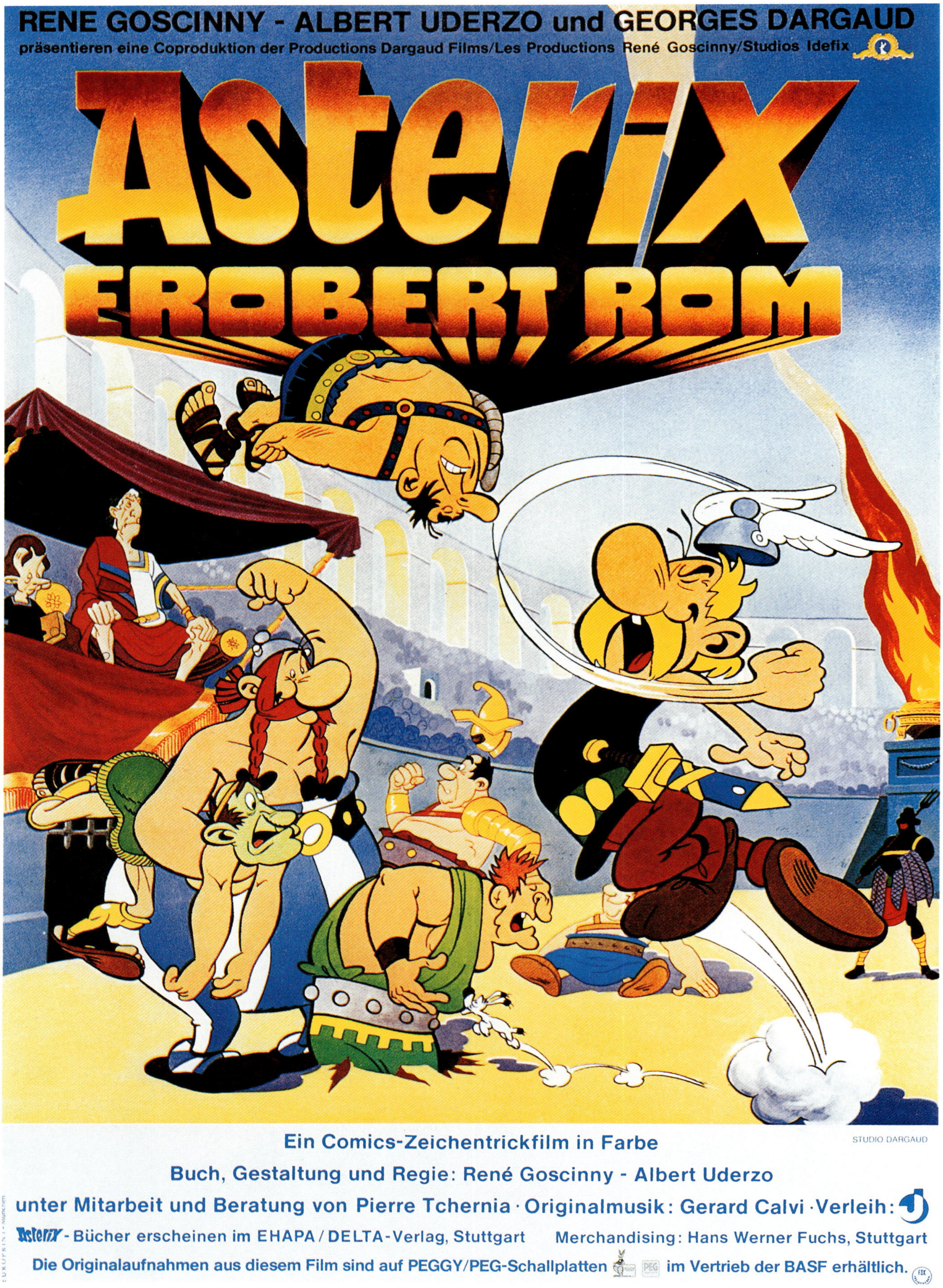
RENE GOSCINNY - ALBERT UDERZO und GEORGES DARGAUD
präsentieren eine Coproduktion der Productions Dargaud Films/Les Productions René Goscinny/Studios Idefix
Asterix
EROBERT ROM
STUDIO DARGAUD
Ein Comics-Zeichentrickfilm in Farbe
Buch, Gestaltung und Regie: René Goscinny - Albert Uderzo
unter Mitarbeit und Beratung von Pierre Tchernia · Originalmusik: Gerard Calvi · Verleih:
Asterix - Bücher erscheinen im EHAPA / DELTA-Verlag, Stuttgart
Merchandising: Hans Werner Fuchs, Stuttgart
Die Originalaufnahmen aus diesem Film sind auf PEGGY/PEG-Schallplatten im Vertrieb der BASF erhältlich.

Erst stürzte das römische Colosseum, jetzt wackelt der britische Tower
Asterix
BEI DEN
BRITEN
BRANDNEU AUS DEN STUDIOS
ZAUBER TRANK
© 1987 LES ÉDITIONS ALBERT RENÉ / GOSCINNY-UDERZO
- UDERZO -
GAUMONT und DARGAUD EDITEUR präsentieren einen Film von PINO VAN LAMSWEERDE
nach dem Album von GOSCINNY und UDERZO erschienen bei DARGAUD EDITEUR ● Bearbeitung von PIERRE TCHERNIA und ADOLF KABATEK
Musik VLADIMIR COSMA ● Produktionsleitung PHILIPPE GRIMOND ● Produziert von YANNIK PIEL ● Ein Comic–Zeichentrickfilm in Farbe
Das Asterix–Buch erscheint im EHAPA–Verlag Stuttgart ● LOCINA– Asterix–Moden in allen Kaufhäusern ● Merchandising HANS WERNER FUCHS ● Verleih Jugendfilm

Nach 10 Jahren endlich der neue Asterix-Film

GAUMONT, DARGAUD und LES PRODUCTIONS RENÉ GOSCINNY präsentieren einen Film von PAUL und GAETEN BRIZZI.
Nach den Alben von GOSCINNY und UDERZO erschienen bei DARGAUD-EDITEUR.
Bearbeitung von PIERRE TCHERNIA • Musik: VLADIMIR COSMA • Produziert von YANNIK PIEL für GAUMONT, DARGAUD und LES PRODUCTIONS RENÉ GOSCINNY
Ein Comics-Zeichentrickfilm in Farbe • Das Asterix-Buch zum Film erscheint im EHAPA-Verlag Stuttgart • Merchandising HANS WERNER FUCHS • Verleih Jugendfilm

EIN COMICS-ZEICHENTRICKFILM IN FARBE
Asterix
SIEG ÜBER CÄSAR
Verleih: Jugendfilm

EIN COMICS-ZEICHENTRICKFILM IN FARBE
Asterix
SIEG ÜBER CÄSAR
Verleih: Jugendfilm

EIN COMICS-ZEICHENTRICKFILM IN FARBE
Asterix
SIEG ÜBER CÄSAR
Verleih: Jugendfilm

EIN COMICS-ZEICHENTRICKFILM IN FARBE
Asterix
SIEG ÜBER CÄSAR
Verleih: Jugendfilm

EIN COMICS-ZEICHENTRICKFILM IN FARBE
Asterix
SIEG ÜBER CÄSAR
Verleih: Jugendfilm

EIN COMICS-ZEICHENTRICKFILM IN FARBE
Asterix
SIEG ÜBER CÄSAR
Verleih: Jugendfilm

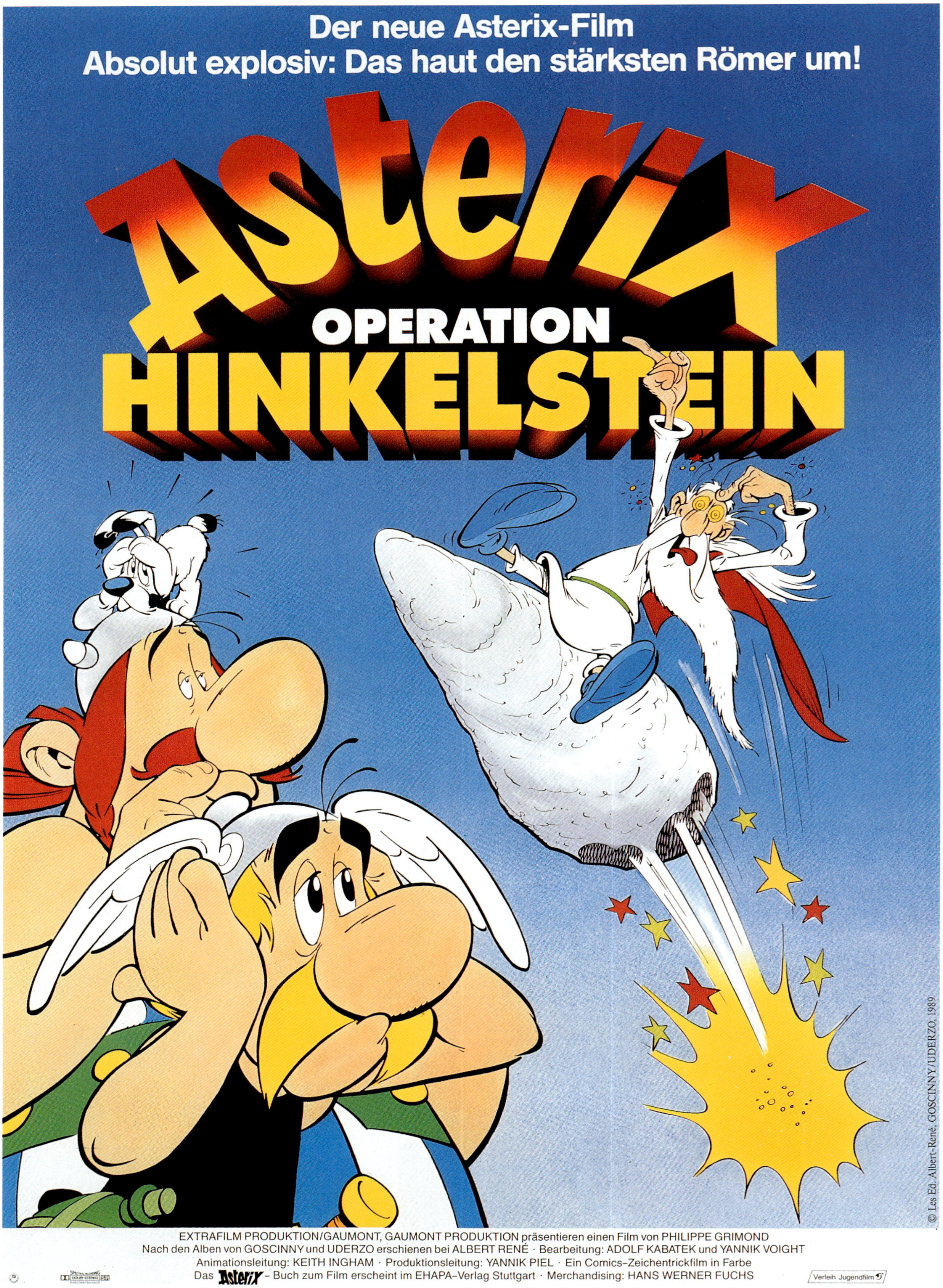
Der neue Asterix-Film
Absolut explosiv: Das haut den stärksten Römer um!
Asterix
OPERATION
HINKELSTEIN
© Les Ed. Albert-René, GOSCINNY/UDERZO, 1989
EXTRAFILM PRODUKTION/GAUMONT, GAUMONT PRODUKTION präsentieren einen Film von PHILIPPE GRIMOND
Nach den Alben von GOSCINNY und UDERZO erschienen bei ALBERT RENÉ · Bearbeitung: ADOLF KABATEK und YANNIK VOIGHT
Animationsleitung: KEITH INGHAM · Produktionsleitung: YANNIK PIEL · Ein Comics-Zeichentrickfilm in Farbe
Das Asterix – Buch zum Film erscheint im EHAPA-Verlag Stuttgart · Merchandising: HANS WERNER FUCHS
Verleih Jugendfilm

EIN COMICS-ZEICHENTRICKFILM IN FARBE
Asterix
OPERATION
HINKELSTEIN
Verleih Jugendfilm

EIN COMICS-ZEICHENTRICKFILM IN FARBE
Asterix
OPERATION
HINKELSTEIN
Verleih Jugendfilm

EIN COMICS-ZEICHENTRICKFILM IN FARBE
Asterix
OPERATION
HINKELSTEIN
Verleih Jugendfilm

EIN COMICS-ZEICHENTRICKFILM IN FARBE
Asterix
OPERATION
HINKELSTEIN
Verleih Jugendfilm

EIN COMICS-ZEICHENTRICKFILM IN FARBE
Asterix
OPERATION
HINKELSTEIN
Verleih Jugendfilm

EIN COMICS-ZEICHENTRICKFILM IN FARBE
Asterix
OPERATION
HINKELSTEIN
Verleih Jugendfilm

114

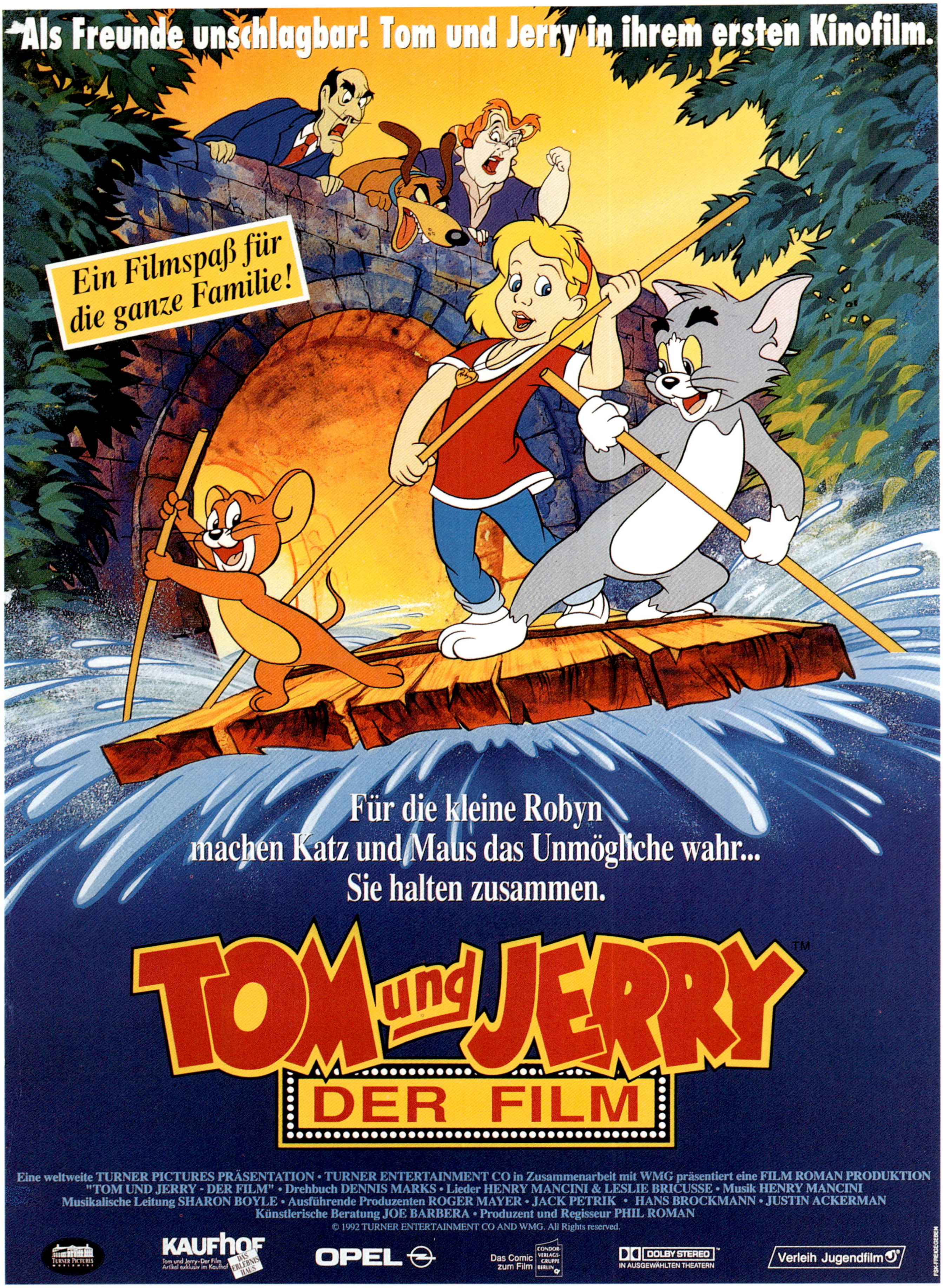

Als Freunde unschlagbar! Tom und Jerry in ihrem ersten Kinofilm.
Ein Filmspaß für die ganze Familie!
Für die kleine Robyn
machen Katz und Maus das Unmögliche wahr...
Sie halten zusammen.
TOM und JERRY™
DER FILM
Eine weltweite TURNER PICTURES PRÄSENTATION • TURNER ENTERTAINMENT CO in Zusammenarbeit mit WMG präsentiert eine FILM ROMAN PRODUKTION
"TOM UND JERRY - DER FILM" • Drehbuch DENNIS MARKS • Lieder HENRY MANCINI & LESLIE BRICUSSE • Musik HENRY MANCINI
Musikalische Leitung SHARON BOYLE • Ausführende Produzenten ROGER MAYER • JACK PETRIK • HANS BROCKMANN • JUSTIN ACKERMAN
Künstlerische Beratung JOE BARBERA • Produzent und Regisseur PHIL ROMAN
© 1992 TURNER ENTERTAINMENT CO AND WMG. All Rights reserved.
KAUFHOF
Tom und Jerry-Der Film Artikel exklusiv im Kaufhof
DAS ERLEBNIS HAUS
OPEL
Das Comic zum Film
CONDOR-VERLAGS-GRUPPE BERLIN
DOLBY STEREO
IN AUSGEWÄHLTEN THEATERN
Verleih Jugendfilm
FSK-FREIGEGEBEN

TOM und JERRY
DER FILM
Verleih Jugendfilm

TOM und JERRY
DER FILM
Verleih Jugendfilm

TOM und JERRY
DER FILM
Verleih Jugendfilm

TOM und JERRY
DER FILM
Verleih Jugendfilm
SARDINES

TOM und JERRY
DER FILM
Verleih Jugendfilm

TOM und JERRY
DER FILM
Verleih Jugendfilm

Felix der lustigste KATER der Welt
Felix
Jede Woche beim Zeitschriftenhändler
Über 20 Millionen mal als Comic-Heft erschienen!
Jetzt erstmals auf der großen Kinoleinwand.
Regie: Pat Sullivan
Ein Zeichentrick-Farbfilm im Verleih

DUNDERKLUMPEN!
Jede Sekunde eine neue Überraschung
Ein Zeichentrickfarbfilm von Per Åhlin nach einer Geschichte von Beppe Wolgers
Musik: Toots Thielemans · Produktion: GK-Film, Stockholm · Verleih:

Die Schlümpfe und die Zauberflöte
Szenario: Peyo · Bearbeitung und Dialoge: Peyo-Yvan Delporte
Musik: Michel Legrand
Merchandising: Bully-Werbung, 7071 Spraitbach
Eine Co-Produktion Dupuis-Belvision in Farbe-Verleih · Die Schlümpfe schlumpfen jede Woche in Fix Foxi

Die Geschichte von Wuff und Snitter und ihrem Freund - dem Fuchs! Nach „Watership Down" das neue Meisterwerk von Martin Rosen
Die Hunde sind los
NEPENTHE PRODUCTIONS präsentiert MARTIN ROSEN'S Film
The Plague Dogs
nach dem Roman von RICHARD ADAMS
Musik: PATRICK GLEESON „TIME AND TIDE" komponiert und gesungen von ALAN PRICE
Produktionsdesign: GORDON HARRISON Trick: TONY GUY und COLIN WHITE
Drehbuch, Produktion und Regie: MARTIN ROSEN TECHNICOLOR SOUNDTRACK CBS DOLBY STEREO
Nach dem Roman von Richard Adams „Die Hunde des Schwarzen Todes" erschienen als Taschenbuch im Ullstein Verlag.
VERLEIH

Hintertupfinger Grand Prix
Einen solchen Trickfilm hat es noch nie gegeben! Sie kommen aus dem Staunen nicht heraus!
Idee, technische Leitung und Trick: Ivo Caprino
Buch: Kjell Aukrust, Remo Caprino, Kjell Syversen, Ivo Caprino
Ein Farbfilm der Caprino Film Centre A/S im Verleih
Original-Modell des Autos IL TEMPO GIGANTE und die Figuren aus dem Film:
-Werbung, 7071 Spraitbach – Schallplatte: Phonogram, Buch: Favoritverlag

MORRIS-RENE GOSCINNY und GEORGES DARGAUD
präsentieren eine Coproduktion der Productions Dargaud Films/Les Productions René Goscinny/Studios Idefix
LUCKY LUKE
SEIN GRÖSSTER TRICK
Ein Comic-Zeichentrickfilm in Farbe
Buch, Gestaltung und Regie: MORRIS-René Goscinny
unter Mitarbeit von Pierre Tchernia - Hergestellt im Studio Idefix/Paris Originalmusik: Claude Bolling - Verleih:
LUCKY LUKE-Bücher erscheinen im EHAPA / DELTA-Verlag, Stuttgart Merchandising: Hans Werner Fuchs, Stuttgart
Die Originalaufnahmen aus diesem Film sind auf PEGGY-Schallplatten im Vertrieb der BELLAPHON erhältlich.

MORRIS und BILL HANNA
präsentieren eine
Coproduktion der Gaumont · FR3 · Extrafilm Produktion mit Dargaud Editeur
LUCKY LUKE DAS GROSSE ABENTEUER
BRAND NEU
Extrafilm Produktion zeigt
einen Comic-Zeichentrickfilm in Farbe
Buch: MORRIS und GOSCINNY
Gestaltung: MORRIS und Gilberte Goscinny – Regie: Philippe Landrot
Hergestellt im Filmstudio Hanna-Barbera – Originalmusik: Claude Bolling und Haim Saban
Verleih Jugendfilm

Von MORRIS und GOSCINNY dem Schöpfer von ASTERIX
LUCKY LUKE
Drehbuch und Dialoge: MORRIS–GOSCINNY und PIERRE TSCHERNIA · Musik: CLAUDE BOLLING
Produktion: Dargaud-Films, Paris/R. Leblanc, Brüssel/Les Productions Artistes Associes, Paris/Belvision Produktion
-Bücher erscheinen im EHAPA/DELTA-Verlag, Stuttgart · Merchandising: Hans Werner Fuchs, Stuttgart
Ein Comic-Zeichentrickfilm in Farbe im Verleih

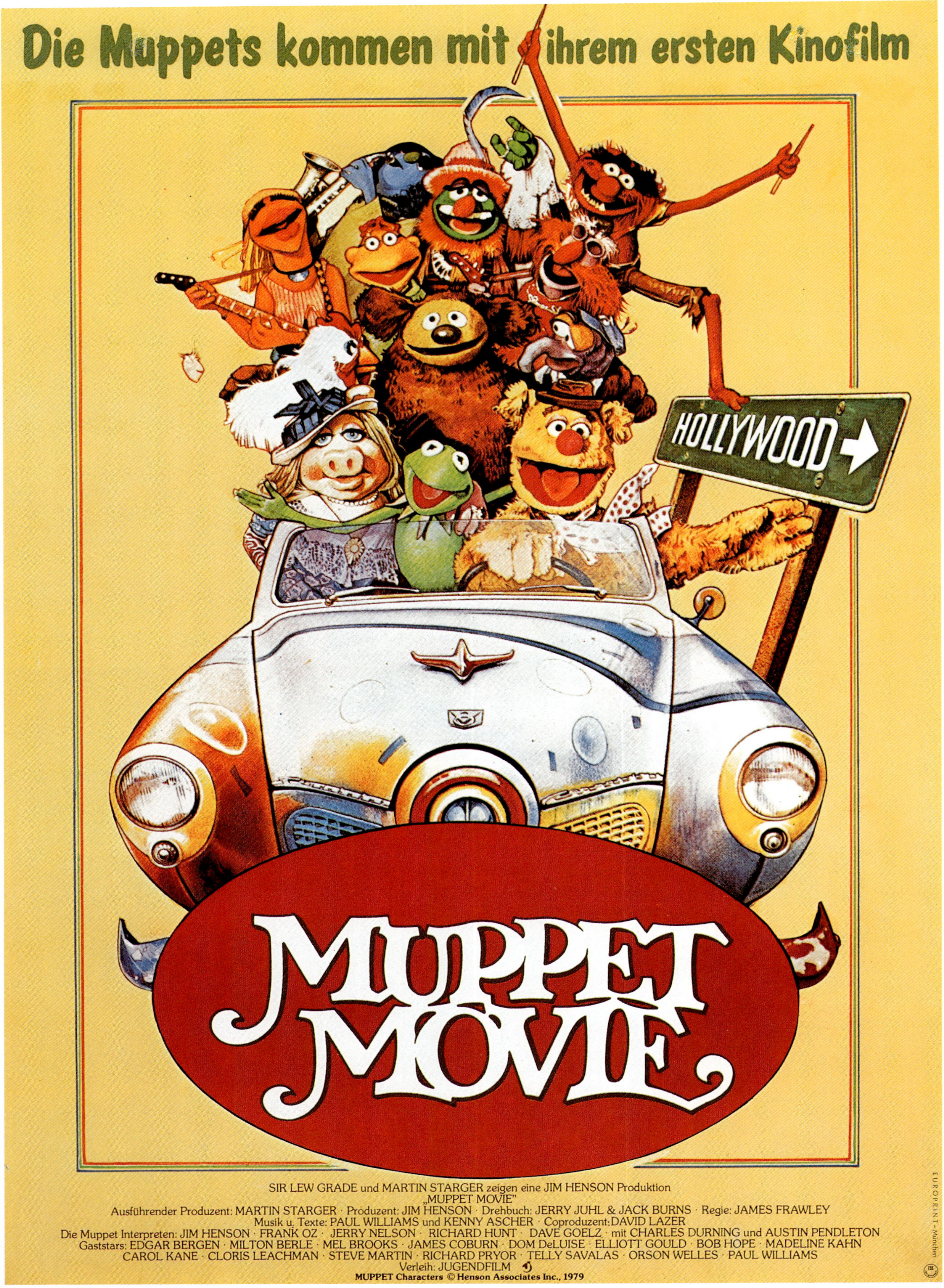
Die Muppets kommen mit ihrem ersten Kinofilm
HOLLYWOOD
MUPPET MOVIE
SIR LEW GRADE und MARTIN STARGER zeigen eine JIM HENSON Produktion
„MUPPET MOVIE"
Ausführender Produzent: MARTIN STARGER · Produzent: JIM HENSON · Drehbuch: JERRY JUHL & JACK BURNS · Regie: JAMES FRAWLEY
Musik u. Texte: PAUL WILLIAMS und KENNY ASCHER · Coproduzent: DAVID LAZER
Die Muppet Interpreten: JIM HENSON · FRANK OZ · JERRY NELSON · RICHARD HUNT · DAVE GOELZ · mit CHARLES DURNING und AUSTIN PENDLETON
Gaststars: EDGAR BERGEN · MILTON BERLE · MEL BROOKS · JAMES COBURN · DOM DeLUISE · ELLIOTT GOULD · BOB HOPE · MADELINE KAHN
CAROL KANE · CLORIS LEACHMAN · STEVE MARTIN · RICHARD PRYOR · TELLY SAVALAS · ORSON WELLES · PAUL WILLIAMS
Verleih: JUGENDFILM
MUPPET Characters © Henson Associates Inc., 1979
EUROPRINT-München

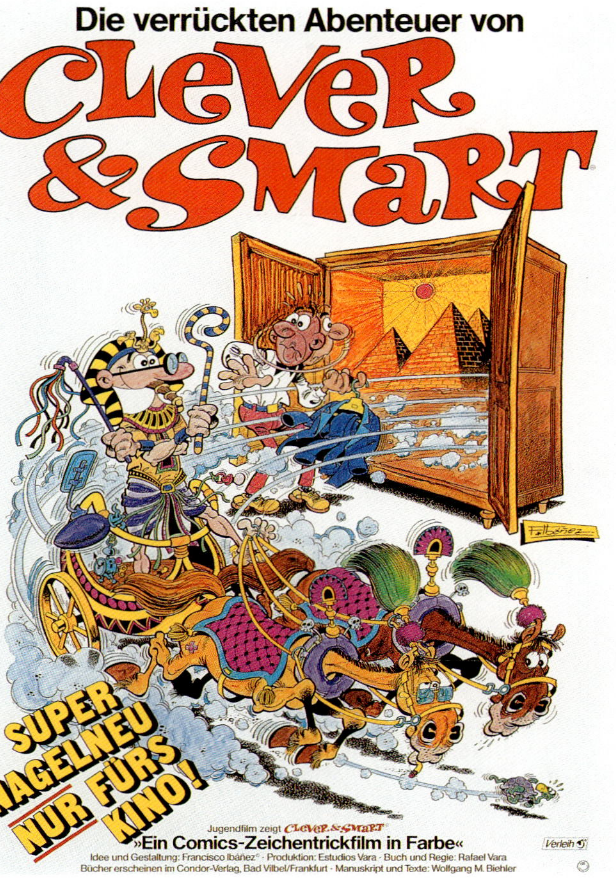
Die verrückten Abenteuer von
CLEVER & SMART
SUPER NAGELNEU NUR FÜRS KINO!
Jugendfilm zeigt CLEVER & SMART
»Ein Comics-Zeichentrickfilm in Farbe«
Verleih
Idee und Gestaltung: Francisco Ibáñez · Produktion: Estudios Vara · Buch und Regie: Rafael Vara
Bücher erscheinen im Condor-Verlag, Bad Vilbel/Frankfurt · Manuskript und Texte: Wolfgang M. Biehler

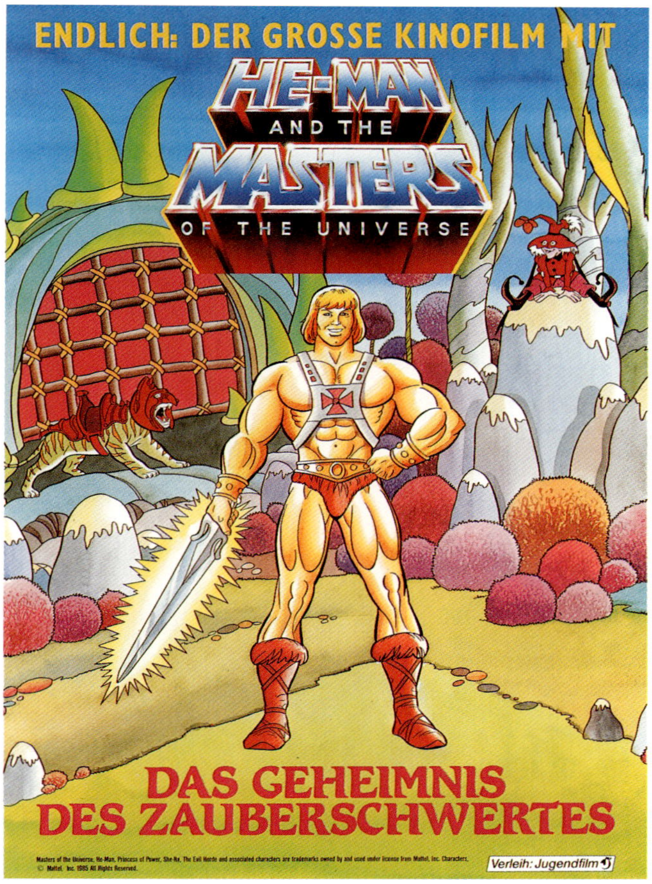
ENDLICH: DER GROSSE KINOFILM MIT
HE-MAN AND THE MASTERS OF THE UNIVERSE
DAS GEHEIMNIS DES ZAUBERSCHWERTES
Masters of the Universe, He-Man, Princess of Power, She-Ra, The Evil Horde and associated characters are trademarks owned by and used under license from Mattel, Inc. Characters. © Mattel, Inc. 1985 All Rights Reserved.
Verleih: Jugendfilm

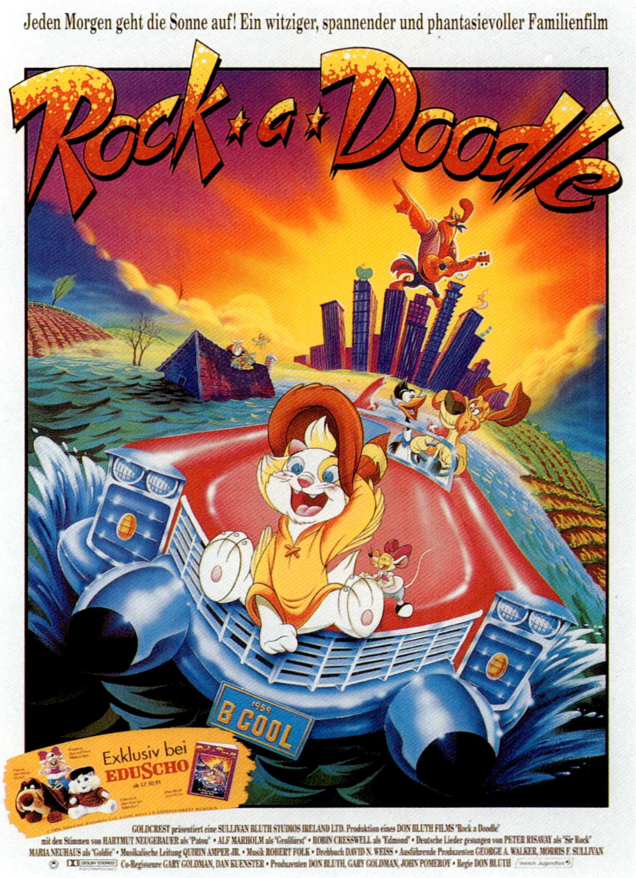
Jeden Morgen geht die Sonne auf! Ein witziger, spannender und phantasievoller Familienfilm
Rock-a-Doodle
B COOL
Exklusiv bei EDUSCHO
ab 17.10.91
GOLDCREST präsentiert eine SULLIVAN BLUTH STUDIOS IRELAND LTD. Produktion eines DON BLUTH FILMS "Rock a Doodle"
mit den Stimmen von HARTMUT NEUGEBAUER als "Patou" • ALF MARHOLM als "Großfürst" • ROBIN CRESSWELL als "Edmond" • Deutsche Lieder gesungen von PETER RISAVAY als "Sir Rock"
MARIA NEUHAUS als "Goldie" • Musikalische Leitung QUIRIN AMPER JR. • Musik ROBERT FOLK • Drehbuch DAVID N. WEISS • Ausführende Produzenten GEORGE A. WALKER, MORRIS F. SULLIVAN
Co-Regisseure GARY GOLDMAN, DAN KUENSTER • Produzenten DON BLUTH, GARY GOLDMAN, JOHN POMEROY • Regie DON BLUTH

Nach "IN EINEM LAND VOR UNSERER ZEIT"
zeigt Don Bluth uns nun sein bisher schönstes Abenteuer
CHARLIE
Alle Hunde kommen in den Himmel
GOLDCREST präsentiert eine SULLIVAN BLUTH STUDIOS IRELAND LTD. Produktion eines DON BLUTH FILMS "CHARLIE - Alle Hunde kommen in den Himmel"
mit den Stimmen von HARALD JUHNKE • ANDREAS MANNKOPF • ANNA RIEDEL und ROBERTO BLANCO
Musik RALPH BURNS • Songs CHARLES STROUSE und T.J. KUENSTER • Buch DAVID N. WEISS • Executive Producers GEORGE A. WALKER und MORRIS F. SULLIVAN
Co-Regie GARY GOLDMAN und DAN KUENSTER • Produzenten DON BLUTH • GARY GOLDMAN und JOHN POMEROY • Regie DON BLUTH
DOLBY STEREO SR
Das Buch zum Film bei UEBERREUTER
Merchandising:
Verleih Jugendfilm

Spielfilme

Ein komisches Abenteuer bis an das Ende der Welt und noch viel weiter...
Erik der Wikinger
Eine John Goldstone / Prominent Features Production
Tim Robbins · Terry Jones · Eartha Kitt · Mickey Rooney
Tsutomu Sekine · John Cleese · Antony Sher · Imogen Stubbs
Produktionsleitung: Terry Glinwood · Produzent: John Goldstone · Buch und Regie: Terry Jones
TECHNICOLOR® Dolby Stereo Copyright © 1989 KÜ Erik the Viking Film Productions Verleih

Ein gewaltiges Abenteuer im Kampf ums Überleben
HERR DER FLIEGEN
CASTLE ROCK ENTERTAINMENT in Zusammenarbeit mit NELSON ENTERTAINMENT präsentiert einen Film von HARRY HOOK „HERR DER FLIEGEN" nach dem Roman von SIR WILLIAM GOLDING
Ausführender Produzent: LEWIS ALLEN PETER NEWMAN
Musik: PHILIPPE SARDE
Kamera: MARTIN FUHRER
Schnittüberwachung: TOM PRIESTLEY
Co-Produzent: DAVID V. LESTER
Buch: SARA SCHIFF
Produzent: ROSS MILLOY
Regie: HARRY HOOK
DOLBY STEREO IN AUSGEWÄHLTEN THEATERN
Verleih
WILLIAM GOLDING HERR DER FLIEGEN ROMAN FISCHER
Das Buch zum Film bei Fischer Taschenbuch Verlag

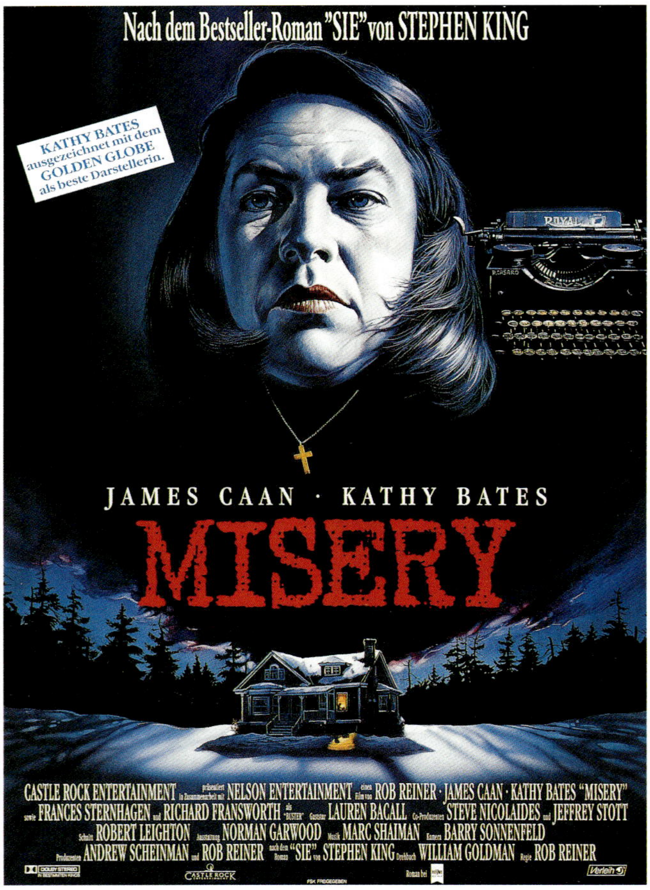
Nach dem Bestseller-Roman "SIE" von STEPHEN KING
KATHY BATES ausgezeichnet mit dem GOLDEN GLOBE als beste Darstellerin.
JAMES CAAN · KATHY BATES
MISERY
CASTLE ROCK ENTERTAINMENT präsentiert in Zusammenarbeit mit NELSON ENTERTAINMENT einen Film von ROB REINER · JAMES CAAN · KATHY BATES "MISERY"
sowie FRANCES STERNHAGEN und RICHARD FRANSWORTH als "BUSTER" Gaststar LAUREN BACALL Co-Produzenten STEVE NICOLAIDES und JEFFREY STOTT
Schnitt ROBERT LEIGHTON Ausstattung NORMAN GARWOOD Musik MARC SHAIMAN Kamera BARRY SONNENFELD
Produzenten ANDREW SCHEINMAN und ROB REINER nach dem Roman "SIE" von STEPHEN KING Drehbuch WILLIAM GOLDMAN Regie ROB REINER
DOLBY STEREO IN BESTIMMTEN KINOS
CASTLE ROCK
FSK FREIGEGEBEN
Roman bei
Verleih

Sie hat keine Angst! Sie tötet. Sie liebt...
NIKITA
in einem Film von LUC BESSON
GAUMONT präsentiert ANNE PARILLAUD · JEAN-HUGUES ANGLADE · TCHEKY KARYO
mit JEANNE MOREAU · JEAN BOUISE · JEAN RENO · PHILIPPE LEROY-BEAULIEU · ROLAND BLANCHE · JACQUES BOUDET
Musik: ERIC SERRA
CINEMASCOPE
Eine französisch-italienische Co-Produktion GAUMONT/GAUMONT PRODUCTION/CECCHI GORI GROUP TIGER CINEMATOGRAFICA
R.CASARO 90
Verleih

EINE KINDHEIT IN DER PROVENCE
DAS SCHLOSS MEINER MUTTER
Ein Film von YVES ROBERT
Nach dem Roman von MARCEL PAGNOL
GAUMONT präsentiert PHILIPPE CAUBÈRE • NATHALIE ROUSSEL • DIDIER PAIN • THÉRÈSE LIOTARD
in einem Film von YVES ROBERT nach dem Roman von MARCEL PAGNOL
Drehbuch JÉROME TONNERRE und YVES ROBERT mit JULIEN CIAMACA • VICTORIEN DELAMARE • PAUL CRAUCHET • JORIS MOLINAS • JULIE TIMMERMAN
PHILIPPE UCHAN und JEAN CARMET • JEAN ROCHEFORT • GEORGES WILSON Musik VLADIMIR COSMA
Ausführender Produzent ALAIN POIRÉ Kamera ROBERT ALAZRAKI Schnitt PIERRE GILLETTE Ausstattung JACQUES DUGIED Kostüme AGNÈS NÈGRE
Produzenten MARC GOLDSTAUB und GUY AZZI Eine Coproduktion der GAUMONT • GAUMONT PRODUCTION • PRODUCTIONS DE LA GUEVILLE • TF1 FILMS PRODUCTION
DOLBY STEREO IN BESTIMMTEN KINOS
Roman im VERLAG LANGEN MÜLLER
Verleih

Von Zeit zu Zeit gibt es Filme, die man nie vergißt.
HITLERJUNGE SALOMON
MARCO HOFSCHNEIDER • JULIE DELPY
CCC FILMKUNST ARTUR BRAUNER und LES FILMS DU LOSANGE MARGARET MENEGOZ präsentieren einen Film von AGNIESZKA HOLLAND
mit MARCO HOFSCHNEIDER • JULIE DELPY • HANNS ZISCHLER • DELPHINE FOREST • KLAUS ABRAMOVSKY Kamera JACEK PETRYCKY
Musik ZBIGNIEW PREISNER Ausstattung ALLAN STARSKI Produktionsleitung BARBARA PEC-SLESICKA • LEW RYWIN und JANUSZ MORGENSTERN
Drehbuch AGNIESZKA HOLLAND nach dem Tatsachenbericht von SALOMON PEREL Produzenten ARTUR BRAUNER und MARGARET MENEGOZ
Eine deutsch-französische Co-Produktion CCC FILMKUNST GMBH • LES FILMS DU LOSANGE Regie AGNIESZKA HOLLAND
Verleih

David Cronenberg und William S. Burroughs laden Sie ein zum Lunch
NAKED LUNCH
JEREMY THOMAS präsentiert einen Film von DAVID CRONENBERG »NAKED LUNCH« mit PETER WELLER • JUDY DAVIS • IAN HOLM
JULIAN SANDS • ROY SCHEIDER Ausstattung CAROL SPIER Kamera PETER SUSCHITZKY Kostüme DENISE CRONENBERG Schnitt RONALD SANDERS
Musik HOWARD SHORE Nach einem Buch von WILLIAM S. BURROUGHS Co-Produktion GABRIELLA MARTINELLI Produktion JEREMY THOMAS
Drehbuch und Regie DAVID CRONENBERG
Buch zum Film bei ULLSTEIN
Verleih

Ein großer Film aus einer geheimnisvollen, faszinierenden Welt.
INDOCHINE
mit
CATHERINE DENEUVE VINCENT PEREZ LINH DAN PHAM JEAN YANNE
in einem Film von REGIS WARGNIER präsentiert von PARDIS FILMS und LA GENERALE D'IMAGES "Indochine"
mit DOMINIQUE BLANC • HENRI MARTEAU • Drehbuch CATHERINE COHEN • LOUIS GARDEL • ERIK ORSENNA • REGIS WARGNIER
Kamera FRANCOIS CARTONNE A.F.C. • Musik PATRICK DOYLE • Ausstattung JACQUES BUFNOIR • Kostüme GABRIELLA PESCUCCI
Ausführende Produzenten ALAIN BELMONDO und GERARD CROSNIER • Produzenten CLAUDE ALBOUZE • JEAN DE TREGOMAIN • Regie REGIS WARGNIER
DOLBY STEREO IN BESTIMMTEN KINOS
Eine Co-Produktion von PARADIS FILMS, LA GENERALE D'IMAGES, BAC FILMS, ORLY FILMS, CINE 5
Verleih

Arnon Milchan präsentiert
einen Sergio Leone Film
Robert De Niro
ES WAR EINMAL
IN AMERIKA
ONCE UPON A TIME IN AMERICA
James Woods · Elizabeth McGovern
Joe Pesci · Burt Young als „Joe" · Tuesday Weld und Treat Williams
als „Jimmy O'Donnell" sowie Jennifer Connelly
Musik: Ennio Morricone · Executive Producer: Claudio Mancini
Buch: Sergio Leone, Leonardo Benvenuti, Piero De Bernardi,
Enrico Medioli, Franco Arcalli, Franco Ferrini
PSO
Verleih
Produziert von Arnon Milchan · Regie: Sergio Leone
ORIGINAL SOUNDTRACK UND SINGLES AUF MERCURY IM VERTRIEB DER PHONOGRAM
DAS BUCH ZUM FILM ALS BASTEI-LÜBBE-PAPERBACK

3X84
© CASARO

KIM
BASINGER
MICKEY
ROURKE
Eine
heißkalte
Liebe
in New York
9 1/2 Wochen
Ein
ADRIAN LYNE
Film
PRODUCER SALES ORGANIZATION und SIDNEY KIMMEL
präsentieren eine KEITH BARISH Produktion.
Musik: JACK NITZSCHE
nach einem Roman von ELIZABETH McNEILL
Buch: PATRICIA KNOP & ZALMAN KING
und SARAH KERNOCHAN
Executive Producers: KEITH BARISH & FRANK KÖNIGSBERG
Produziert von ANTONY RUFUS ISAACS und ZALMAN KING
Regie: ADRIAN LYNE, JONESFILM in Zusammenarbeit mit
GALACTIC FILMS und TRIPLE AJAXXX
PANAVISION
DOLBY STEREO
PSO
Verleih
Original Soundtrack erhältlich auf
EMI

9½ Wochen
KIM BASINGER · MICKEY ROURKE
Ein ADRIAN LYNE Film

9½ Wochen
KIM BASINGER · MICKEY ROURKE
Ein ADRIAN LYNE Film

9½ Wochen
KIM BASINGER · MICKEY ROURKE
Ein ADRIAN LYNE Film

9½ Wochen
KIM BASINGER · MICKEY ROURKE
Ein ADRIAN LYNE Film

9½ Wochen
KIM BASINGER · MICKEY ROURKE
Ein ADRIAN LYNE Film

9½ Wochen
KIM BASINGER · MICKEY ROURKE
Ein ADRIAN LYNE Film

»Von Zeit zu Zeit gibt es Filme, die man nie vergißt.«
MICKEY ROURKE · ROBERT DE NIRO
ANGEL HEART
MARIO KASSAR und ANDREW VAJNA präsentieren einen Film von ALAN PARKER
mit MICKEY ROURKE · ROBERT DE NIRO · LISA BONET · CHARLOTTE RAMPLING · Musik TREVOR JONES
Kamera MICHAEL SERESIN · Executive Producers MARIO KASSAR und ANDREW VAJNA
nach dem gleichnamigen Roman von WILLIAM HJORTSBERG · Buch ALAN PARKER
Produziert von ALAN MARSHALL und ELLIOTT KASTNER · Regie ALAN PARKER
DOLBY STEREO
IN BESTIMMTEN KINOS
Originalsoundtrack im Vertrieb der ARIOLA · Buch zum Film BASTEI-LÜBBE
Verleih

ANGEL HEART
EIN FILM VON ALAN PARKER

ANGEL HEART
EIN FILM VON ALAN PARKER

ANGEL HEART
EIN FILM VON ALAN PARKER

ANGEL HEART
EIN FILM VON ALAN PARKER

ANGEL HEART
EIN FILM VON ALAN PARKER

ANGEL HEART
EIN FILM VON ALAN PARKER

DAS FILMEREIGNIS DES JAHRES
Der Film von
BERNARDO BERTOLUCCI
DER
LETZTE KAISER
JEREMY THOMAS präsentiert einen Film von BERNARDO BERTOLUCCI
mit JOHN LONE · JOAN CHEN · PETER O'TOOLE als R. J.
YING RUOCHENG · VICTOR WONG · DENNIS DUN · RYUICHI SAKAMOTO
Kostüme: JAMES ACHESON · Ausstattung: FERDINANDO SCARFIOTTI · Schnitt: GABRIELA CRISTIANI · Kamera: VITTORIO STORARO (AIC)
Produktionsleitung: JOYCE HERLIHY (U. K.) · FRANCO GIOVALE · Musik: RYUICHI SAKAMOTO · DAVID BYRNE und SU ZONG · Drehbuch: MARK PEPLOE mit BERNARDO BERTOLUCCI
Produzent: JEREMY THOMAS · Regie: BERNARDO BERTOLUCCI
Bücher zum Film bei HANSER, HEYNE und dtv
Verleih

DER LETZTE KAISER
Ein Film von Bernardo Bertolucci

DER LETZTE KAISER
Ein Film von Bernardo Bertolucci

DER LETZTE KAISER
Ein Film von Bernardo Bertolucci

DER LETZTE KAISER
Ein Film von Bernardo Bertolucci

DER LETZTE KAISER
Ein Film von Bernardo Bertolucci

DER LETZTE KAISER
Ein Film von Bernardo Bertolucci

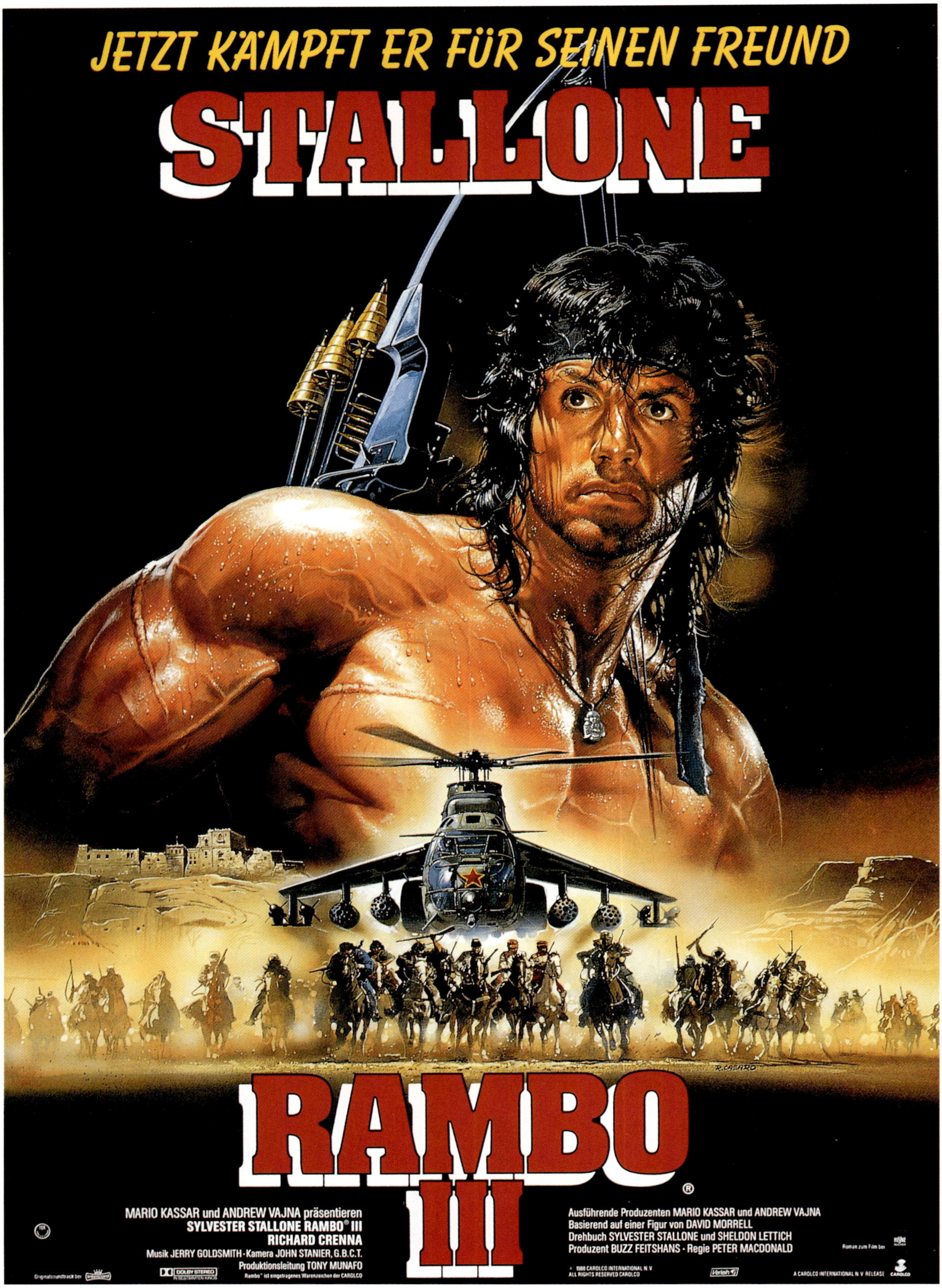
JETZT KÄMPFT ER FÜR SEINEN FREUND
STALLONE
R. CASARO
RAMBO
III
MARIO KASSAR und ANDREW VAJNA präsentieren
SYLVESTER STALLONE RAMBO® III
RICHARD CRENNA
Musik JERRY GOLDSMITH · Kamera JOHN STANIER, G.B.C.T.
Produktionsleitung TONY MUNAFO
Rambo® ist eingetragenes Warenzeichen der CAROLCO
DOLBY STEREO
Ausführende Produzenten MARIO KASSAR und ANDREW VAJNA
Basierend auf einer Figur von DAVID MORRELL
Drehbuch SYLVESTER STALLONE und SHELDON LETTICH
Produzent BUZZ FEITSHANS · Regie PETER MACDONALD
Roman zum Film bei
1988 CAROLCO INTERNATIONAL N.V
ALL RIGHTS RESERVED CAROLCO
Verleih
A CAROLCO INTERNATIONAL N V RELEASE
CAROLCO

STALLONE
RAMBO
III

STALLONE
RAMBO
III

STALLONE
RAMBO
III

STALLONE
RAMBO
III

STALLONE
RAMBO
III

STALLONE
RAMBO
III

Eine große romantische Seele – eine glühende Kämpferin
CHRISTIAN FECHNER PRÄSENTIERT
ISABELLE ADJANI
GÉRARD DEPARDIEU
CAMILLE CLAUDEL
EIN FILM VON BRUNO NUYTTEN
AUSGEZEICHNET MIT 5 CÉSARS u.a. BESTER FILM BESTE DARSTELLERIN
39. INTERNATIONALE FILMFESTSPIELE BERLIN 1989 SILBERNER BÄR FÜR ISABELLE ADJANI
CHRISTIAN FECHNER ZEIGT ISABELLE ADJANI · GÉRARD DEPARDIEU IN CAMILLE CLAUDEL NACH DEM BUCH VON REINE-MARIA PARIS EIN FILM VON BRUNO NUYTTEN
DREHBUCH UND DIALOGE VON BRUNO NUYTTEN UND MARILYN GOLDIN UNTER MITWIRKUNG VON ALAIN CUNY BEAUFTRAGTER PRODUZENT BERNARD ARTIQUES DIREKTOR DER PRODUKTION BERNARD MARESCOT
KAMERA PIERRE LHOMME DEKORATIONS LEITER BERNARD VEZAT MUSIK GABRIEL YARED
EINE COPRODUKTION VON CHRISTIAN FECHNER · LILITH FILMS I.A. · GAUMONT · ANTENNE 2 TV FRANCE · FILMS A2 · D.D. PRODUCTIONS
PANAVISION
ROMAN ZUM FILM IM GOLDMANN VERLAG
SOUNDTRACK ERHÄLTLICH BEI Virgin
DOLBY STEREO
Verleih

134

ISABELLE GÉRARD
ADJANI DEPARDIEU
CAMILLE CLAUDEL
EIN FILM VON
BRUNO NUYTTEN

ISABELLE GÉRARD
ADJANI DEPARDIEU
CAMILLE CLAUDEL
EIN FILM VON
BRUNO NUYTTEN

ISABELLE GÉRARD
ADJANI DEPARDIEU
CAMILLE CLAUDEL
EIN FILM VON
BRUNO NUYTTEN

ISABELLE GÉRARD
ADJANI DEPARDIEU
CAMILLE CLAUDEL
EIN FILM VON
BRUNO NUYTTEN

ISABELLE GÉRARD
ADJANI DEPARDIEU
CAMILLE CLAUDEL
EIN FILM VON
BRUNO NUYTTEN

ISABELLE GÉRARD
ADJANI DEPARDIEU
CAMILLE CLAUDEL
EIN FILM VON
BRUNO NUYTTEN

DIE NEUE KOMÖDIE VON ROB REINER
"Was für ein Film!"
The Today Show
"Ein hinreißend romantischer Jux, voller Klasse, Intelligenz und sprühendem Witz. Billy Crystal ist zum Brüllen komisch. Meg Ryan ist ein Orkan an Witz."
Rolling Stone Magazin
Billy Crystal
Meg Ryan
Harry und Sally
CASTLE ROCK ENTERTAINMENT in Zusammenarbeit mit ELSON ENT RTAINMENT präsentiert einen ilm von ROB REINER
mit BILLY CRYSTAL MEG RYAN CARRIE FISHER BRU O KIRBY S nitt ROBERT LEIGHTON Ausstat ng JANE MUSKY
Kamera BARRY SONNENFELD Musik-Adaption und Arrangement M RC SHAIMA Produzenten ROB REINER und ANDREW SCHEINMAN
DOLBY STEREO
Buch NORA EPHRON Regie ROB REINE Original-S ndtrack auf LP/CD/MC bei CBS
Verleih

7C6-204
Billy Crystal
Meg Ryan
Harry
und
Sally
Ein Film von Rob Reiner

Billy Crystal
Meg Ryan
Harry
und
Sally
Ein Film von Rob Reiner

Billy Crystal
Meg Ryan
Harry
und
Sally
Ein Film von Rob Reiner

Billy Crystal
Meg Ryan
Harry
und
Sally
Ein Film von Rob Reiner

Billy Crystal
Meg Ryan
Harry
und
Sally
Ein Film von Rob Reiner

Billy Crystal
Meg Ryan
Harry
und
Sally
Ein Film von Rob Reiner

138

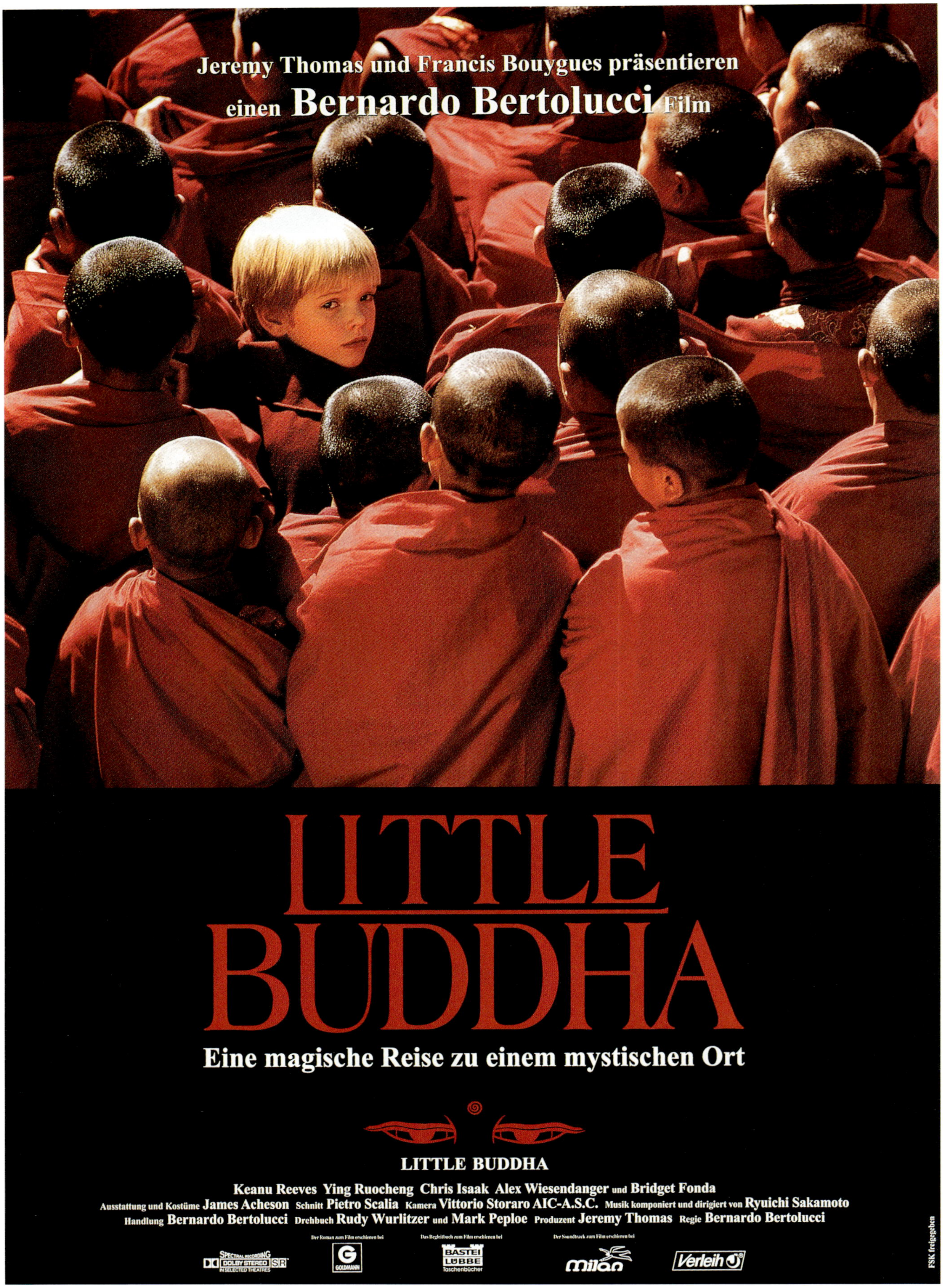
Jeremy Thomas und Francis Bouygues präsentieren
einen Bernardo Bertolucci Film
LITTLE BUDDHA
Eine magische Reise zu einem mystischen Ort
LITTLE BUDDHA
Keanu Reeves Ying Ruocheng Chris Isaak Alex Wiesendanger und Bridget Fonda
Ausstattung und Kostüme James Acheson Schnitt Pietro Scalia Kamera Vittorio Storaro AIC-A.S.C. Musik komponiert und dirigiert von Ryuichi Sakamoto
Handlung Bernardo Bertolucci Drehbuch Rudy Wurlitzer und Mark Peploe Produzent Jeremy Thomas Regie Bernardo Bertolucci
Der Roman zum Film erschienen bei
Das Begleitbuch zum Film erschienen bei
Der Soundtrack zum Film erschienen bei
Spectral Recording Dolby Stereo SR In Selected Theatres
Goldmann
Bastei Lübbe Taschenbücher
milan
Verleih
FSK freigegeben

Ein Film von Bernardo Bertolucci
LITTLE BUDDHA

Ein Film von Bernardo Bertolucci
LITTLE BUDDHA

Ein Film von Bernardo Bertolucci
LITTLE BUDDHA

Ein Film von Bernardo Bertolucci
LITTLE BUDDHA

Ein Film von Bernardo Bertolucci
LITTLE BUDDHA

Ein Film von Bernardo Bertolucci
LITTLE BUDDHA

Ein
Film
von
ekel
ROMAN
POLANSKI
mit
CATHERINE
DENEUVE
Ian Henry
John Fraser
Yvonne
Furneaux
„Der rabiateste künstlerische
Reißer seit Ingmar Bergmans
›SCHWEIGEN‹“
Die Welt
Verleih:
Compton-Produktion

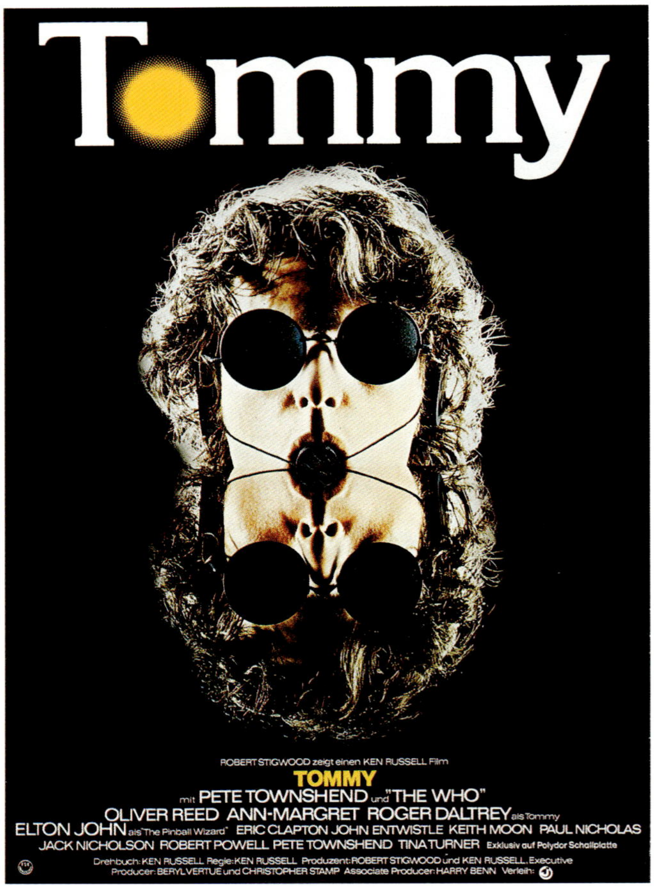
Tommy
ROBERT STIGWOOD zeigt einen KEN RUSSELL Film
TOMMY
mit PETE TOWNSHEND und "THE WHO"
OLIVER REED ANN-MARGRET ROGER DALTREY als Tommy
ELTON JOHN als "The Pinball Wizard" ERIC CLAPTON JOHN ENTWISTLE KEITH MOON PAUL NICHOLAS
JACK NICHOLSON ROBERT POWELL PETE TOWNSHEND TINA TURNER Exklusiv auf Polydor Schallplatte
Drehbuch: KEN RUSSELL Regie: KEN RUSSELL Produzent: ROBERT STIGWOOD und KEN RUSSELL, Executive
Producer: BERYL VERTUE und CHRISTOPHER STAMP Associate Producer: HARRY BENN Verleih:

STING THE BLUE-TURTLES-BAND. THE MUSIC. THE VISION.
MEHR ALS EIN LIVE-CONCERT.
Der Film
STING
BRING ON THE NIGHT
EIN FILM VON MICHAEL APTED
DIE SAMUEL GOLDWYN COMPANY PRÄSENTIERT EINE ACM FILMS PRODUKTION MIT: OMAR HAKIM · DARRYL JONES · KENNY KIRKLAND
BRANFORD MARSALIS · DOLETTE McDONALD · JANICE PENDARIS · SCHNITT: ROBERT K. LAMBERT A.C.E. KAMERA: RALF D. BODE A.S.C.
AUSFÜHRENDE PRODUZENTEN: GIL FRIESEN & ANDREW MEYER · PRODUZIERT VON DAVID MANSON REGIE: MICHAEL APTED
DOLBY STERO MANSON SOUNDTRACK ERHÄLTLICH AUF A & M RECORDS ·
Verleih

EIN FILM VON
FRANCESCO ROSI
CARMEN
JULIA MIGENES-JOHNSON · PLACIDO DOMINGO
RUGGERO RAIMONDI · FAITH ESHAM
Verleih
JEAN-PHILIPPE LAFONT · GÉRARD GARINO · SUSAN DANIEL · LILIAN WATSON · JOHN PAUL BOGART · FRANCOIS LE ROUX · JULIEN GUIOMAR
ORCHESTER NATIONAL DE FRANCE, CHÖRE von RADIO-FRANCE
Dirigent LORIN MAAZEL
Texte MEILHAC und HALEVY nach der Novelle von PROSPER MÉRIMÉE · Drehbuch FRANCESCO ROSI und TONINO GUERRA · Choreographie ANTONIO GADES
produziert von PATRICE LEDOUX für GAUMONT/PRODUCTION MARCEL DASSAULT Paris/OPERA FILM PRODUZIONE Rom

Am 7. Dezember 1980 verschwindet der atomgetriebene Flugzeugträger USS Nimitz im Pazifik ...!
Erich Steinberg zeigt
DER LETZTE COUNTDOWN
RICHARD R. ST. JOHNS PRÄSENTIERT
KIRK DOUGLAS MARTIN SHEEN KATHARINE ROSS
JAMES FARENTINO
in THE BRYNA COMPANY'S PRODUCTION
DER LETZTE COUNTDOWN mit RON O'NEAL
und CHARLES DURNING als Senator Chapman Regie: DON TAYLOR Produzent: PETER VINCENT DOUGLAS Ausführender Produzent: RICHARD R. ST. JOHNS
Drehbuch: DAVID AMBROSE & GERRY DAVIS und THOMAS HUNTER & PETER POWELL
Buch: THOMAS HUNTER & PETER POWELL und DAVID AMBROSE
Kamera: VICTOR J. KEMPER Musik: JOHN SCOTT Co-Produzent: LLOYD KAUFMAN Edition: ROBERT K. LAMBERT Produktionsleitung: JOHN W. HYDE
„PANAVISION" All Rights Reserved. Verleih:

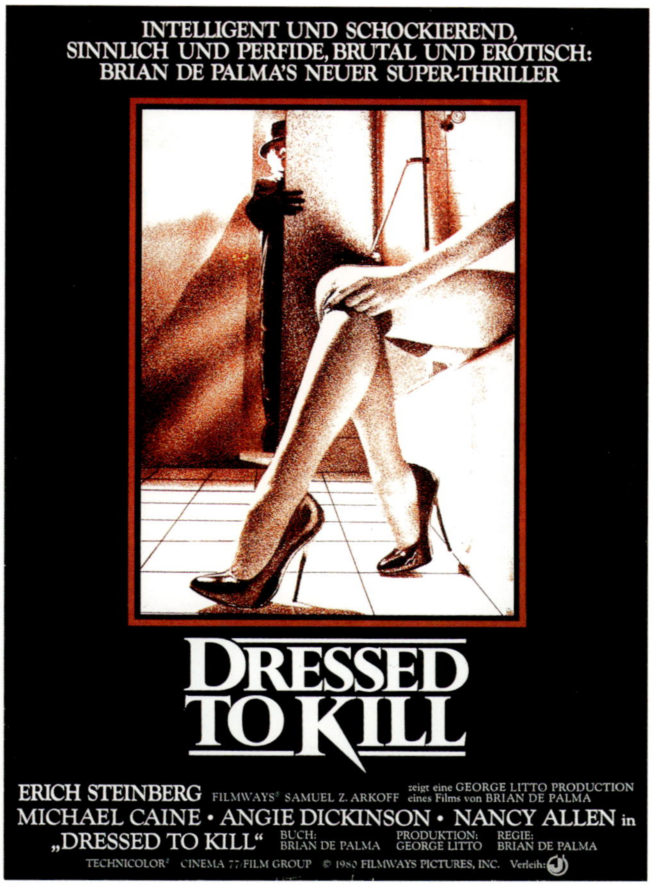
INTELLIGENT UND SCHOCKIEREND,
SINNLICH UND PERFIDE, BRUTAL UND ERÖTISCH:
BRIAN DE PALMA'S NEUER SUPER-THRILLER
DRESSED TO KILL
ERICH STEINBERG FILMWAYS SAMUEL Z. ARKOFF zeigt eine GEORGE LITTO PRODUCTION eines Films von BRIAN DE PALMA
MICHAEL CAINE • ANGIE DICKINSON • NANCY ALLEN in
„DRESSED TO KILL" BUCH: BRIAN DE PALMA PRODUKTION: GEORGE LITTO REGIE: BRIAN DE PALMA
TECHNICOLOR CINEMA 77/FILM GROUP © 1980 FILMWAYS PICTURES, INC. Verleih:

ERICH STEINBERG zeigt
eine SERGE SILBERMAN Produktion
EIN FILM VON LUIS BUNUEL
Dieses obskure Objekt der Begierde
Prädikat: „Besonders wertvoll"
Drehbuch: LUIS BUNUEL in Zusammenarbeit mit JEAN-CLAUDE CARRIERE
nach dem Roman von PIERRE LOUYS "LA FEMME ET LE PANTIN" · Verlag: ALBIN MICHEL
mit FERNANDO REY · CAROLE BOUQUET · ANGELA MOLINA · JULIEN BERTHEAU · ANDRE WEBER · MILENA VUKOTIC
Bauten: PIERRE GUFFROY · Kamera: EDMOND RICHARD · Herstellungsleitung: ULLY PICKARD
Ein Film produziert von SERGE SILBERMAN · Eine französisch-spanische Co-Produktion der GREENWICH FILM PRODUCTION / LES FILMS GALAXIE Paris / IN CINE · Madrid
Eine Produktion GREENWICH FILM PRODUCTION · Paris · © Copyright Paris MCMLXXVII
Im Sonderverleih der JUGENDFILM

FRANCIS BOUYGUES präsentiert eine CIBY PICTURES PRODUCTION
DAVID LYNCH
TWIN PEAKS
DER FILM
Die letzten 7 Tage im Leben der Laura Palmer
Ein Film von
David Lynch
mit
Sheryl Lee
Moira Kelly
David Bowie
Chris Isaak
Kiefer Sutherland
Harry Dean Stanton
Ray Wise
und Kyle MacLachlan
als Special Agent Dale Cooper
Ausstattung Patricia Norris
Schnitt Mary Sweeney
Kamera Ron Garcia
Musik Angelo Badalamenti
Produziert von Gregg Fienberg
Ausführende Produzenten
Mark Frost & David Lynch
Drehbuch
David Lynch & Robert Engels
Regie David Lynch
Original Soundtrack erhältlich bei wea
Buch erhältlich bei

Reine Männersache-von einer Frau in die Hand genommen
Adriano Celentano
Ornella Muti
Der gezähmte Widerspenstige
Eine Produktion von Mario und Vittorio Cecchi Gori für Capital Film
Regie: Castellano & Pipolo
Verleih

SEIN NEUESTER FILM
Adriano Celentano
Carole Bouquet
Bingo-Bongo
Mario & Vittorio Cecchi Gori präsentieren Adriano Celentano · Carole Bouquet in BINGO BONGO und zum erstenmal „Tanga"
Regie: Pasquale Festa Campanile · Original-Soundtrack zum Film mit dem Titelsong 'Uh...Uh...' im Ariola Vertrieb · Verleih

Das Meisterwerk erotischer Literatur - die Filmsensation des Jahres
CORINNE CLÉRY · UDO KIER · ANTHONY STEEL · JEAN GAVEN
in
Geschichte der O
Ein Film von JUST JAECKIN nach dem gleichnamigen Roman von PAULINE RÉAGE
CHRISTIANE MINAZZOLI · MARINE KELLY · JEAN-PIERRE ANDREANI · GABRIEL CATTAND
LI SELLGREN · ALBANE NAVIZET · HENRY PIEGAY · EVA LÜCKE · JUDITH NOVAK und ALAIN NOURY
Buch: SÉBASTIEN JAPRISOT Kamera: ROBERT FRAISSE Musik: PIERRE BACHELET Produktion: GÉRARD LORIN, ERIC ROCHAT
Original-Soundtrack auf Ariola-Schallplatten
Eine Coproduktion der Terra Filmkunst, Berlin/S.N. Prodis/Yang Films und A.D. Créations, Paris
Verleih

ALAIN SIRITZKY präsentiert einen Film nach der Novelle von EMMANUELLE ARSAN
SYLVIA KRISTEL
MIA NYGREN
Die neue erotischste
Emmanuelle 4
zeigt, was nie zuvor im Kino zu sehen war
Mia Nygren · Sylvia Kristel · Patrick Bauchau · Sophie Berger · Regie: Francis Leroi · im Verleih der

BELMONDO
... witzig! ... spritzig! ... ein Riesenspaß!
Endlich der neueste
»SUPER-BELMONDO«
wie wir ihn alle lieben
FRÖHLICHE OSTERN
Verleih
SOPHIE MARCEAU
EIN FILM VON
GEORGES LAUTNER
MIT
MARIE LAFORET
DREHBUCH
JEAN POIRET
PRODUKTION: ALAIN SARDE UND ALAIN BELMONDO

ALAIN DELON
Ein Mann
mit Affären...
ein Mann
mit Instinkt...
ein Mann mit
Schalldämpfer
DER KÄMPFER
Ein Film von Alain Delon mit François Périer · Pierre Mondy · Anne Parillaud
Andréa Ferreol · Marie-Christine Descouard · Michel Beaune · Gérard Hérold · Jean-François Garreaud u. Richard Anconina
Dialoge: Christopher Frank · Produktionsleitung: Antoine Arcos · Eine Alain Delon-Produktion im Verleih

Kämpfe. Riesen. Schurken. Helden. Monster. Wunder.
Wahre Liebe ...
DIE BRAUT DES PRINZEN
Act III präsentiert einen ROB REINER Film
Mit CARY ELWES · ROBIN WRIGHT
MANDY PATINKIN · CHRIS SARANDON
CHRISTOPHER GUEST · ANDRE THE GIANT
FRED SAVAGE u. PETER FALK als Großvater
Buch: WILLIAM GOLDMAN
Musik: MARK KNOPFLER (Dire Straits)
Titelsong: WILLY DE VILLE
Special Effects: NICK ALLDER
Produzent: ANDREW SCHEINMAN
Regie: ROB REINER
Verleih
Der neue ROB REINER Film
Original Soundtrack bei
phonogram

Brandneu!
BUD SPENCER
DER BOMBER
Regie: Michele Lupo
Verleih:
mit BUD SPENCER, Kallie Knoetze, Jerry Cala, Mike Miller, Gegia, Valeria Cavalli · Kamera: Giorgio di Battista · Gaetano Valle · Musik: Guido und Maurizio de Angelis
Schnitt: Eugenio Alabiso · Künstlerische Leitung: Walter Patriarca · Produktionleitung: Lucio Bompani · Ein Leone-Film produziert von Elio Scardamaglia

Gebhard
Ein Film von und mit
Jacques Tati
Buch und Regie: Jacques Tati
und Jacques Lagrange
Produktion: Specta Films, Paris
Regie: Jacques Tati
Verleih: Jugendfilm
TATI'S
PLAYTIME
Prädikat: Wertvoll

BUS
VILLE
CHAMPS - ELYSEES
TATI'S
PLAYTIME
Verleih: Jugendfilm

voyage
tours
TATI'S
PLAYTIME
Verleih: Jugendfilm

TATI'S
PLAYTIME
Verleih: Jugendfilm

TATI'S
PLAYTIME
Verleih: Jugendfilm
lustro

TATI'S
PLAYTIME
Verleih: Jugendfilm

TATI'S
PLAYTIME
Verleih: Jugendfilm

Marlene Dietrich
Emil Jannings
der blaue Engel
Verleih: Jugendfilm

Film-Almanach

Der Film-Almanach ist eine Aufstellung nahezu aller seit 1934 durch Jugendfilm-Verleih aufgeführten Filme.

In den ersten Jahren standen Märchenfilme der Produktionsfirma Alfons Zengerling im Mittelpunkt des Verleihprogrammes, das durch Matineefilme ergänzt wurde. Nach und nach kamen qualitativ hochwertigere Märchenproduktionen hinzu, wobei die noch heute im Repertoire des Verleihs vorhandenen Filme von Hubert Schonger und Alfred Förster hervorzuheben sind.

Beim Betrachten dieser Aufstellung fällt auf, daß in bestimmten Jahren keine Filme gestartet wurden: 1945 wurde der Film-Verleih in Deutschland generell durch die Besatzungsmächte reglementiert; an Neuproduktionen war in dieser Zeit nicht zu denken.

In den darauffolgenden Jahren führte die damals übliche Verleihpraxis dazu, daß Filme bei entsprechender Nachfrage mehrere Jahre lang liefen und nicht nach einer begrenzten Laufzeit abgesetzt wurden, um später wieder eingesetzt zu werden. Dies hatte zur Folge, daß in manchen Jahren bis zu 30 Filme im Einsatz waren. Jedoch handelte es sich hierbei nicht nur um Neuproduktionen.

Der Film-Almanach wurde aus alten Verleihprogrammen, Filmakten, Schriftwechseln und persönlichen Erinnerungen zusammengetragen. Da durch Kriegseinflüsse und die Nachkriegszeit viele Dokumente unwiederbringlich verlorengegangen sind, kann der Start einiger Filme nicht mehr genau datiert werden. Auch gab es sicherlich Produktionen, deren Titel nicht genannt werden können, da sie kurzfristig eingekauft wurden und deshalb in keinem Verleihprogramm erschienen sind.

Es ist dies der Versuch, die Arbeit von 60 Jahren Jugendfilm-Verleih im Überblick darzustellen. Angegeben ist jeweils der deutsche Titel, unter dem der Film gestartet wurde, der Originaltitel (O), der Regisseur (R), der Produzent (P) und ein Hauptdarsteller (D).

Dieser Film-Almanach ist nicht als Bestelliste im üblichen Sinne zu verstehen, da die Lizenzen der aufgeführten Filme im Laufe der Jahre zum Teil ausgelaufen sind und Jugendfilm-Verleih nicht mehr darüber verfügt.

1994

Little Buddha	O Little Buddha P Jeremy Thomas	R Bernardo Bertolucci D Keanu Reeves
Ein fast perfektes Verhältnis	O Mona must die P VCL/Jugendfilm/DVR	R Donald Reiker D Marianne Sägebrecht
Einfach nur Liebe	O Einfach nur Liebe P Avista Film	R Peter Timm D Uwe Ochsenknecht
True Lies	O True Lies P Lightstorm Ent.	R James Cameron D Arnold Schwarzenegger
Asterix in Amerika	O Asterix conquers America P Extrafilm	R Gerhard Hahn D Zeichentrickfilm
Der Angriff der 20 Meter Frau	O Attack of the 50 Foot Woman P Mark Damon	R Christopher Guest D Daryl Hannah

1993

Atlantis	O Atlantis P Gaumont	R Luc Besson
Der letzte Komödiant	O Mr. Saturday Night P Castle Rock	R Billy Crystal D Billy Crystal
Fanfan & Alexandre	O Fanfan et Alexandre P Gaumont	R Alexandre Jardin D Sophie Marceau
Honeymoon in Vegas	O Honeymoon in Vegas P Castle Rock	R Andrew Bergman D Nicolas Cage
Night and the City	O Night and the City P Tribeca Production	R Irwin Winkler D Robert de Niro
Peter's Friends	O Peter's Friends P Renaissance Films	R Kenneth Branagh D Kenneth Branagh
Und der Himmel steht still	O The Innocent P Lakehart Production	R John Schlesinger D Anthony Hopkins
Younger and Younger	O Younger and Younger P Pelemele	R Percy Adlon D Donald Sutherland

1992

Harlem Action	O A Rage in Harlem P Stephen Wolley	R Bill Duke D Gregory Hines
Gib's ihm, Chris!	O Let him have it P Canal Productions	R Peter Medak D Chris Eccleston

Late for Dinner	O Late for Dinner P Castle Rock	R W.A. Richter
Naked Lunch	O Naked Lunch P Jeremy Thomas	R David Cronenberg D Peter Weller
Indochine	O Indochine P Eric Heumann	R Regis Wargnier D Catherine Deneuve
Zahnstocher Johnny	O Johnny Stecchino P Cecchi Gori	R Roberto Begnini D Roberto Begnini
Mediterraneo	O Mediterraneo P Cecchi Gori	R Gabriele Salvatore D Diego Abatantuono
Twin Peaks	O Twin Peaks P Mark Frost	R David Lynch D Kiefer Sutherland
Eine ganz normal verrückte Familie	O Folks P Victor Dral	R Ted Kotcheff D Tom Selleck
Tom und Jerry – Der Film	O Tom & Jerry – The Movie P Joe Barbera	R Phil Roman D Zeichentrickfilm
Man Trouble	O Man Trouble P Bruce Gilbert	R Bob Rafelson D Jack Nicholson
Opposite Sex	O Opposite Sex P Robert Newmeyer	R Matthew Meshekoff D Arye Gross
Agoraphobia – Die Angst im Kopf	O The Fear Inside P Alan Jay Glueckmann	R Leon Ichaso D Christine Lahti

1991

Eine fast anständige Frau	O Sibling Rivalry P Castle Rock	R Carl Reiner D Kristie Alley
Spatzi, Fratzi & Co.	O C'era un castello con 40 cani P Vides Cinemato.	R Duccio Tessari D Peter Ustinov
Lippels Traum	O Lippels Traum P Alpha Film	R Karl-Heinz Käfer D Hans Clarin
Misery	O Misery P Castle Rock	R Rob Reiner D James Caan
Eve 8 – Außer Kontrolle	O Eve of Destruction P Interscope Com.	R Duncan Gibbins D Renee Soutendijk
Der Ruhm meines Vaters	O La Gloire de mon Pere P Gaumont	R Yves Robert D Nathalie Roussel
Das Schloß meiner Mutter	O Le Chateau de ma Mère P Gaumont	R Yves Robert D Philippe Caubert

City Slickers – Die Großstadthelden	O City Slickers P Castle Rock	R Ron Underwood D Billy Crystal
Rock'a Doodle	O Rock'a Doodle P Sullivan-Bluth-Studio	R Don Bluth D Zeichentrickfilm
Hitlerjunge Salomon	O Europa Europa P CCC-Film	R Agnieszka Holland D Marco Hofschneider
Isabelle Eberhardt	O Isabelle Eberhardt P Sean Film	R Ian Pringle D Mathilda May
Twenty-one	O Twenty-one P Morgan Mason	R Don Boyd D Patsy Kensit
Halloween V – Die Rache des ...	O The revenge of M. Myers P Ransey Thomas	R D. Othenin-Girard D Danielle Harris

1990

Es ist nicht leicht ein Gott zu sein	O Es ist nicht leicht ... P Hallelujah-Film	R Peter Fleischmann D Edward Zentara
Everybody Wins	O Everybody Wins P Jeremy Thomas	R Karel Reisz D Nick Nolte
Charlie – Alle Hunde kommen in den Himmel	O All dogs go to heaven P Sullivan-Bluth-Studios	R Don Bluth D Zeichentrickfilm
Herr der Fliegen	O Lord of the Flies P Castle Rock	R Harry Hook D Paul B. Getty
Dr. M	O Dr. M P NEF-Filmprod.	R Claude Chabrol D Isabella Rossellini
Nikita	O Nikita P Gaumont	R Luc Besson D Anne Parillaud
Meine Nächte/Deine Tage	O Mes nuit sont plus belles ... P Alain Sarde	R Andrzej Zulawski D Sophie Marceau
Himmel über der Wüste	O The Sheltering Sky P Jeremy Thomas	R Bernardo Bertolucci D Debra Winger
Air Born – Flügel aus Stahl	O Wings of the Apache P Arnold Kopelson	R John Flynn D Nicolas Cage
Die Möchtegernväter	O La fête des peres P Jean-Claude Fleury	R Joy Fleury D Thierry Lhermitte
Roselyne und die Löwen	O Roselyne et les Lions P Gaumont	R J.-J. Beineix D Isabelle Pasco

1989

Winter People	O Winter People P Robert H. Solo	R Ted Kotcheff D Kelly McGillis
Die Senkrechtstarter	O Die Senkrechtstarter P Ufa-Filmproduktion	R Christian Rateuke D Mike Krüger
Der Bruch	O Der Bruch P DEFA/Allianz	R Frank Beyer D Götz George
Sabba – Die Hexe	O The Sabbath P Achille Manzotti	R Marco Bellocchio D Beatrice Dalle
Camille Claudel	O Camille Claudel P Christian Fechner	R Bruno Nuytten D Isabelle Adjani
Die Studentin	O L'étudiante P Alain Poire	R George Pinoteau D Sophie Marceau
Mick – Mein Freund vom anderen Stern	O Mac and me P R. J. Louis	R Steward Raffil D Christine Ebersole
Harry & Sally	O When Harry met Sally P Castle Rock	R Rob Reiner D Meg Ryan
Asterix – Operation Hinkelstein	O Le Combat des Chefs P Extrafilm/Gaumont	R Philippe Grimond D Zeichentrickfilm
Erik der Wikinger	O Erik the Viking P John Goldstone	R Terry Jones D Tom Hulce
Die Malteser des Falken	O Just ask for Diamond P Red Roaster	R Stephen Bayly D Susannah York
Nächtliche Sehnsucht – Hemmungslos	O Drôle d'endroit pour … P Patrick Bordier	R François Dupeyron D Catherine Deneuve

1988

Good Morning Babylon	O Good Morning Babylon P Giuliani De Negris	R Paolo + Vittorio Taviani D Greta Scacchi
Man on Fire	O Man on Fire P New Regency Films	R Elie Chouraqui D Scott Glenn
Abstieg zur Hölle	O Descente aux Enfers P Ariel Zeitoum	R Francis Girod D Sophie Marceau
Mio mein Mio	O Mio, min Mio P Nordisk Tonefilm	R Vladimir Grammatikov D Timothy Bottoms
A.D.A.M.	O A.D.A.M. P Neue Filmproduktion	R Herbert Ballmann D Desirée Nosbusch

Wish you were here	O Wish you were here P Zenith Production	R David Leland D Emily Lloyd
Rambo III	O Rambo III P Carolco Pictures	R Russel Mulcahy D Silvester Stallone
Mein teuflischer Liebhaber	O My Demon Lover P New Line Cinema	R Richard Loventhal D Scott Valentine
Der Fluch	O Der Fluch P Extrafilm	R Ralf Huettner D Dominick Raacke
Neues von uns Kindern aus Bullerbü	O Mer om oss barn i Bullerbyn P Svensk Film	R Lasse Hallström D Linda Bergström
Die Braut des Prinzen	O The Princes Bride P Act III Productions	R Rob Reiner D Peter Falk
Heart of Midnight	O Heart of Midnight P Matthew Gaty	R Matthew Chapman D Jennifer J. Leigh
Pathfinder	O Ofelas P John Jacobsen	R Nils Gaup D Mikkel Gaup
Träume der Liebe	O Ti presento un'amica P Alessandro Fracasi	R Francesco Massaro D Michele Placido
The Supergrass	O The Supergrass P The Comic Strip	R Peter Richardson D Adrian Edmondson

1987

3:15 – Die Stunde der Cobra	O 3:15 P Dakota Entertainment	R Larry Gross D Adam Baldwin
Angel Heart	O Angel Heart P Atlanta Films	R Alan Parker D Mickey Rourke
Asterix bei den Briten	O Asterix chez les Bretons P Gaumont	R Pino van Lambswerde D Zeichentrickfilm
Belizaire – Der Cajun	O Belizaire – The Cajun P A Cote Blanche	R Glen Pitre D Armand Assante
Berlin: Wie es war – Symphonie einer Weltstadt	P Leo de Laforgue	R Leo de Laforgue D Dokumentation
Der Brummbär	O Il Burbero P C.G. Silver Films	R Castellano & Pipolo D Adriano Celentano
Der Letzte Kaiser	O The Last Emperor P Recorded Picture	R Bernardo Bertolucci D John Lone
E.P. – Ausgelöscht	O Extreme Prejudice P Atalanta Films	R Walter Hill D Nick Nolte
Harem	O Harem P Sara Films	R Arthur Joffe D Ben Kingsley

Johann Strauss	O King without a Crown P Franz Antel, Wien	R François Legrand D Oliver Tobias
Levy und Goliath	O Levy et Goliath P Gaumont	R Gerard Oury D Richard Anconina
Liebeszauber	O El Amor Brujo P Emiliano Piedra	R Carlos Saura D Antonio Gades
Mörderischer Engel	O On ne meurt que deux fois P Swanie Productions	R Jacques Deray D Charlotte Rampling
Salvador	O Salvador P Greenberg Brothers	R Oliver Stone D James Woods
Sid und Nancy	O Sid and Nancy P Eric Fellner	R Alex Cox D Gary Oldman
Wir Kinder aus Bullerbü	O Alla vi Barni i Bullerbyn P Svenske Filmindustri	R Lasse Hallström D Linda Bergström

1986

9 1/2 Wochen	O 9 1/2 Weeks P Keith Barish Prod.	R Adrian Lyne D Kim Basinger
Asterix – Sieg über Caesar	O Asterix et la Surprise de … P Gaumont	R P. + G. Brizzi D Zeichentrickfilm
Ayla und der Clan der Bären	O The Clan of the Cave Bear P Jozak-Decade Enterp.	R Michael Chapman D Daryl Hannah
He-Man – Das Geheimnis des Zauberschwertes	O Secret of the Sword P Lou Scheimer	R Ed Friedman D Zeichentrickfilm
Critters – Sie sind da	O Critters P Rupert Harvey	R Stephen Herek D Dee Wallace Stone
Black Moon	O Black Moon Rising P Sequoia Productions	R John Carpenter D Linda Hamilton
Der Panther	O Paroles de Flic P Adel Productions	R José Pinheiro D Alain Delon
Geheimcode Charlie	O Thunder Run P Lynn Davis & Panache	R Gary Hudson D Forrest Tucker
Joan Lui	O Joan Lui: Ma un Giorno … P C.G. Silver & Extrafilm	R Adriano Celentano D Adriano Celentano
Macaroni	O Maccheroni P L.+A. de Laurentiis	R Ettore Scola D Jack Lemmon
Miko – Aus der Gosse zu den Sternen	O Miko – Aus der Gosse … P Frank Ripploh Film	R Frank Ripploh D Miko
P.R.O.F.S. … und die Penne steht Kopf	O P.R.O.F.S. P Madelaine Films	R Patrick Schulmann D Fabrice Luchini

Ronja die Räubertochter	O Ronja Rövardottir P Svensk Filmindustri	R Tage Danielsson D Hanna Zetterberg
Sting – Bring on the Night	O Sting: Bring on the Night P A&M Films	R Michael Apted D Sting
Orchideen des Wahnsinns	O Orchideen des Wahnsinns P Extrafilm	R Hans Heinrich D Diana Körner

1985

Alpha City – Abgerechnet wird Nachts	O Alpha City P Starfilm/Extrafilm	R Eckhart Schmidt D Al Corley
Ars Amandi – Die Kunst der Liebe	O L'Art d'Aimer P 2 T/Naja	R Walerian Borowczyk D Marina Perro
Cotton Club	O The Cotton Club P Robert Evans	R Francis Ford Coppola D Richard Gere
Der Größte bin ich	O Lui e peggio di me P C.G. Silver Film	R Enrico Oldoini D Adriano Celentano
Der Zwilling	O Le jumeau P De la Gueville	R Yves Robert D Pierre Richard
Die Spezialisten	O Les Specialistes P Films Chr. Fechner	R Patrice Leconte D Bernard Giradeau
Clever & Smart	O El Amario del Tiempo P El Studio Vara	R F. Ibanez D Zeichentrickfilm
Duett zu Dritt	O Paroles et Musique P Sept Films Cinema	R Elie Chouraqui D Catherine Deneuve
Formel 1 und heiße Mädchen	O Delitto in Formula Uno P Cecchi Gori Intercap.	R Bruno Corbucci D Tomas Milian
Frau Holle	O Perinbaba P Omnia Film	R Juraij Jakubisko D Giuletta Masina
Fröhliche Ostern	O Joyeuses Paques P Alain Sarde	R Georges Lautner D Jean-Paul Belmondo
Joy und Joan	O Joy et Joan P ATC 3000	R Jacques Saurel D Brigitte Lahaie
Schuld daran ist Rio	O Blame it on Rio P Sherwood Productions	R Stanley Donen D Michelle Johnson
Yerma	O Yerma P Starfilm	R Barna Kabay D Gudrun Landgrebe

1984

Anna's Mutter	O Anna's Mutter P Planet Film	R Burkhart Driest D Gudrun Landgrebe
Es war einmal in Amerika	O Once upon a time in America P Arnon Milchan	R Sergio Leone D Robert de Niro
Besonderes Kennzeichen: Bellissimo	O Segni Particolari: Bellissimo P Giovanni di Clemente	R Castellano & Pipolo D Adriano Celentano
Buckaroo Banzai – Die 8. Dimension	O Buckaroo Banzai P Sherwood Productions	R W.D. Richter D Peter Weller
Carmen	O Carmen P Gaumont	R Francesco Rosi D Julia Migenes-Johnson
Die Nr. 1 bin ich	O HO P Paul Laffargue	R Robert Enrico D Jean-Paul Belmondo
Emmanuelle IV	O Emmanuelle IV P Sara Film	R François Leroi D Sylvia Kristel
Geschichte der O., Teil II	O Histoire d'O, II P Erich Rochat	R Eric Rochat D Sandra Wey
La Balance – Der Verrat	O La Balance P Les Films Ariane-Film	R Bob Swaim D Nathalie Baye
Mr. Mom	O Mr. Mom P Sherwood Productions	R Stan Dragoti D Michael Keaton
Tapetenwechsel	O Tapetenwechsel P Georg Althammer	R Gabriela Zerau D Claudia Demarmels
Tödliche Engel schlagen zurück	O Fire of Vengeance P Punjabi Brothers	R Danu Umbara D Wendy Wasiat
Zwei irre Spaßvögel	O Les Compères P Fideline Films	R Francis Veber D Pierre Richard

1983

American Monster	O The Winged Serpent P Larco Production	R Larry Cohen D David Carradine
ASSO	O ASSO P Cecchi Gori	R Castellano & Pipolo D Adriano Celentano
Atlantis Inferno	O Atlantis Interceptors P Regency Productions	R Ruggero Deodata D Chris Lonelly
Bingo Bongo	O Bingo Bongo P Cecchi Gori	R Pasquale Campanile D Adriano Celentano
Das Osterman Weekend	O The Osterman Weekend P Peter S. Davis	R Sam Peckinpah D Rutger Hauer

Das Schlitzohr vom Highway 101	O Delitto sull' Autostrada P Cecchi Gori	R Bruno Corbucci D Thomas Milian
Der Kämpfer	O Le Battant P Adel Productions	R Alain Delon D Alain Delon
Don Tango – Hochwürden mit der kessen …	O Qua la Mano P Filmauro	R Pasquale Campanile D Adriano Celentano
Gelati und Amore	O Sapore di Mare P Int. Dean Film	R Carlo Vanzina D Marina Suma
King of Comedy	O The King of Comedy P Arnon Milchan	R Martin Scorsese D Robert de Niro
Lucky Luke – Das große Abenteuer	O L.L. – Les Daltons en Cavale P Gaumont	R Gaumont D Zeichentrickfilm
Marianne und Sophie	O Marianne und Sophie P Mutoskop Film	R Rainer Söhnlein D Marianne Hoppe
Ornella – Die Unwiderstehliche	O Nessuno e Perfetto P Filmauro	R Pasquale Campanile D Ornella Muti
Sing Sing	O Sing Sing P Intercapital	R Sergio Corbucci D Adriano Celentano
Wild trieben es die alten Hunnen	O Attila – Il Flagello del Dio P Cecchi Gori	R Castellano & Pipolo D Diego Abato

1982

Ator – Herr des Feuers	O Ator L'Invincibile P Patrick Murphy	R David Hills D Miles o'Keefe
Catherine	O Catherine P Atlas Film	R Jesus Balcazar D Berta Cabre
Das Licht am Ende der Welt	O La luz del fin del Mundo P Jet Films S.A.	R Kevin Billington D Kirk Douglas
Der aus dem Regen kam	O Le Passager de la Pluie P Serge Silbermann	R Rene Clement D Charles Bronson
Der Bomber	O Bomber P Leone Film	R Michele Lupo D Bud Spencer
Der gezähmte Widerspenstige	O Il Bisbetico Domato P Cecchi Gori	R Castellano & Pipolo D Adriano Celentano
Die Hunde sind los	O The Plague Dogs P Nepenthe Productions	R Martin Rosen D Zeichentrickfilm
Die Mumie des Pharao	O Dawn of the Mummy P Frank Agrama	R Frank Agrama D Brenda King
Durchgebrannt aus Liebe	O Liar's Moon P Billy Hanna	R David Fisher D Matt Dillon

Laura I – Eine Frau geht durch die Hölle	O Emmanuelle-Reportage P Beatrice	R Vincent Dawn D Laura Gemser
Orfeu Negro	O Orfeu Negro P Dispat Film	R Marcel Camus D Breno Mello
Rette Deine Haut, Killer	O Pour la Peau d'un Flic P Adel	R Alain Delon D Alain Delon
ROAR	O ROAR P Noel Marshall	R Noel Marshall D Tippi Hedren

1981

Breaking Glass	O Breaking Glass P Davina Belling	R Brian Gibson D Phil Daniels
Endlose Liebe	O Endless Love P Keith Barish Prod.	R Franco Zeffirelli D Brooke Shields
Dicker, laß die Fetzen fliegen	O Un Esertico di 5 Uomini P Tiger-Film Italo	R Don Taylor D Bud Spencer
Didi – Alles im Eimer	O Didi – Alles im Eimer P UFA/ZDF	R Ralf Gregan D Didi Hallervorden
Der Millionenfinger	O Mani di Velluto P Cecchi Gori	R Castellano & Pipolo D Adriano Celentano
Dressed to Kill	O Dressed to Kill P George Litto	R Brian de Palmer D Michael Caine
Gib mir meine Haut zurück	O Rendez-moi ma Peau P Jean-Pierre Fougea	R Patrick Schulmann D Bee Michelin
Her mit den kleinen Engländerinnen	O A nous les petites Anglaises P Jean Lara	R Michel Lang D Remi Laurent
Ich hasse Blondinen	O I hate Blondes P Clesi/Extrafilm	R Giorgio Capitani D Enrico Montesano
Louis, der Schürzenjäger	O Le Gendarme se marie P Society Novelle	R Jean Girault D Louis de Funès
Macabra – Die Hand des Teufels	O Macabra P Zach Motion Pictures	R Alfredo Zacharias D Stuart Whitman
Nackt und zerfleischt	O Cannibal Holocaust P Franco Palaggi	R Ruggero Deodata D Robert Kerman
Omar Mukhtar – König der Wüste	O O.M. – Lion of the Desert P Moustapha Akkad	R Moustapha Akkad D Anthony Quinn
Schatz, das ist ein starkes Stück	O Le Roi des Cons P C.A.P.A.G.	R Hubert Merial D Francis Perrin

1980

Abendessen mit anschließendem Frühstück	O Pane, Burro e Marmellata P Italien Int. Film	R Giorgio Captiani D Enrico Montesano
Asphaltkannibalen	O Cannibal Apocalypse P Italo-Spagnola	R Anthony M. Dawson D Elizabeth Turner
Das verrückteste Auto der Welt	O Das verrückteste Auto … P Barbara	R Rudolf Zehetgruber D Robert Mark
Der gekaufte Tod	O Le Mort en Direct P TV 13 München	R Bertrand Tavernier D Romy Schneider
Der letzte Countdown	O The final Countdown P PSO Producers Sales	R Don Taylor D Kirk Douglas
Die große Horror-Show	O The Horror Show P Universal Pictures	R Richard Schickel D Boris Karloff
Die Zeitmaschine	O The Time Machine P George Pal	R George Pal D Rod Taylor
Ein Käfer auf Extratour	O Ein Käfer auf Extratour P Barbara	R Rudolf Zehetgruber D Robert Mark
Ein Käfer geht auf's Ganze	O Ein Käfer geht auf's Ganze P Barbara	R Rudolf Zehetgruber D Richard Lynn
Ein Käfer gibt Vollgas	O Ein Käfer gibt Vollgas P Barbara	R Rudolf Zehetgruber D Joachim Fuchsberger
Großangriff der Zombies	O Incubo Sulla Citta Cont. P Dialchi Film	R Umberto Lenzi D Mel Ferrer
In den Krallen des Roten Phoenix	O The Red Phoenix P Central Motion Pict.	R Hsu Tien-Rung D David Chiang
Jetzt treibt sie's auch noch mit den Paukern	O La Licaele seduce i Professori P Dania Film	R Mariano Laurenti D Gloria Guida
Louis in geheimer Mission	O Le Gendarme en Balade P Societé Nouvelle	R Jean Girault D Louis de Funès
Muppet Movie	O The Muppet Movie P Jim Henson	R James Frawley D Puppen/Gaststars
Prinzessin Dornröschen	O Jak se budi Princesny P Prag	R Vàclav Vorliček D Marie Horakova
Scum – Abschaum	O Scum P Davina Belling	R Alan Clarke D Ray Winstone
Stau	O L'Ingorgo – Una storia … P Clesi Cinematogr.	R Luigi Comencini D Alberto Sordi
Sylvia Kristel – Erste Klasse	O Amore in Prima Classe P Film Export Group	R Salvatore Samperi D Sylvia Kristel

Tilt – Ich kann's am besten	O Tilt P Melvin Simon Prod.	R Rudy Durand D Brooke Shields
Verdammt noch mal – Wo bleibt die Zärtlichkeit?	O Et la tendresse? ... bordel! P Chloe Productions	R Patrick Schulmann D Jean-Luc Bideau
Woody Allen der Unglücksrabe	O Take the money and run P Palomar Pictures	R Woody Allen D Woody Allen
Zeig mir, wie man's macht	O Malizia Erotica P ASA Cinematografica	R Jose Ramon Larraz D Laura Gemser

1979

Abelard – Die Entmannung	O Abelard – Die Entmannung P Franz-Seitz-Film	R Franz Seitz D Susanne Uhlen
Afrikastaffel ME 110	O Fighter Pilots P Intercontinental	R Franz Marx D Will Roberts
Angelique II	O Merveilleuse Angelique P Gloria	R Bernerd Borderie D Michele
Cannibale Brutalo	O Addio ultimo Uomo P PEA-S.p.A.–S.r.L.	R Angelo Castiglioni
Cuchillo – Todeslied der Apachen	O Cuchillo P Conacite Dos-Monarex	R Rodolfo de Anda D Andres Garcia
Der Krieg der Knöpfe	O La Guerre des Butons P De la Gueville	R Yves Robert D Michel Galabru
Die Bumsköpfe	O L'Insegnante P Devon/Medusa	R Nando Cicero D Edwige Fenech
Die erste Polka	O Die erste Polka P NDF/Bavaria	R Klaus Emmerich D Maria Schell
Die Girls vom Crazy Horse	O Crazy Horse de Paris P Crazy Horse	R Alain Bernardin D Lova Moor
Die Strandflitzer	O Les Bronzes P Trinacra Films	R Patrice Leconte D Josiane Balasko
Geschichte der O.	O Geschichte der O. P Terra Filmkunst	R Just Jeackin D Corinne Clery
Liebe auf den ersten Biß	O Love at first Bite P Melvin Simon Prod.	R Stan Dragoti D George Hamilton
Louis im Land der unbegrenzten Möglichkeiten	O Le Gendarme a New York P Societé Nouvelle	R Jean Girault D Louis de Funès
Nachtschwester müßte man sein	O Infermiera di Notte P Dania Films	R Mariano Laurenti D Gloria Guida
Neues vom Räuber Hotzenplotz	O Neues vom Räuber ... P Ehmck-Film	R Gustav Ehmck D Peter Kern

Oben ohne – unten Jeans	O Avere vent Anni P Int. Daunia Film	R Fernando di Leo D Gloria Guida
Sindbad der Seefahrer	O Sindbad Jr. P American International	R Reuben Timmins D Zeichentrickfilm
Tatis Playtime	O Tatis Playtime P Specta Films	R Jacques Tati D Jacques Tati
Tommy	O Tommy P Robert Stigwood	R Ken Russell D Roger Daltrey
Trafic – Tati im Straßenverkehr	O Trafic P Corona	R Jacques Tati D Jacques Tati
... und die Bibel hat doch recht	O ... und die Bibel hat doch recht P Neue Tele	R Harald Reinl D Kulturfilm
Woodoo – Die Schreckensinsel der Zombies	O Zombie II – Gli ultimo ... P Variety Film	R Lucio Fulci D Ian McCulloch

1978

Argoman – Der phantastische Supermann	O Come rubare la corona ... P Fia Cinematografica	R Terence Hathaway D Roger Browne
Karlsson auf dem Dach	O Världens bästa Karlsson P AB Svensk Film	R Olle Hellbom D Lars Söderdahl
Dieses obskure Objekt der Begierde	O Cet obscur Objet du Desir P Serge Silbermann	R Luis Buñuel D Fernando Rey
Der Blaue Engel	O Der Blaue Engel P UFA	R Josef v. Sternberg D Marlene Dietrich
Der Glöckner von Notre Dame	O The Hunchback P Pandro Berman	R Pandro Breman D Charles Laughton
Gib Gas und laßt Euch nicht erwischen	O Grand theft Auto P Roger Corman/Monarex	R Ron Howard D Ron Howard
Giganten mit stählernen Fäusten	O Deathsport P Roger Corman	R Henry Suso D David Carradine
Heidi kehrt heim	O Heidi kehrt heim P Studio Hamburg	R Delbert Mann D Maximilian Schell
Hüter der Wildnis	O Guardian of the Wilderness P Sun Classic Pict.	R David O'Malley D Denver Pyle
Im Camp der gelben Tigerinnen	O Revenge in the Tiger Cage P Eurasia-Filmcenter	R Shin San Okk D Kato
Kettensägenmassaker	O Texas Chainsaw Massacre P T. Hooper/ProFilm	R Tobe Hooper D Marilyn Burns

Lucky Luke – Sein größter Trick	O L. L. La Ballade des … P Dargaud Films	R MORRIS D Zeichentrickfilm
Mon Oncle	O Mon Oncle P Louis Dolivet	R Jacques Tati D Jacques Tati
Nackt unter Kannibalen	O Emanuelle e gli ultimo Can. P Monarex	R Joe D'Amato D Laura Gemser
Der Pfingstausflug	O Der Pfingstausflug P Ottokar Runze	R Michael Günther D Elisabeth Bergner
Nackte Eva	O Eva Nera P Seven Stars	R Joe D'Amato D Laura Gemser
Mein Vater, mein Herr	O Padre Padrone P RAI de Negri	R Paolo Taviani D Omero Antonutti
Pippi außer Rand und Band	O Pippi außer Rand und Band P Iduna-Film	R Olle Hellbom D Inger Nilsson
Pippi geht von Bord	O Pippi geht von Bord P Iduna-Film	R Olle Hellbom D Inger Nilsson
Pippi in Taka-Tuka-Land	O Pippi in Taka-Tuka-Land P Iduna-Film	R Olle Hellbom D Inger Nilsson
Pippi Langstrumpf	O Pippi Langstrumpf P Beta-Film	R Olle Hellbom D Inger Nilsson
Schön ist die Liebe am Königssee	O Schön ist die Liebe am … P Franz-Seitz-Film	R Hans Albin D Marianne Hold
Speedtrap – Einsteigen, Starten, Abhauen	O Speedtrap P First Artists	R Earl Bellamy D Joe Don Baker
Sternenkrieg im Weltall	O Message from Space P Toei Company	R Kinji Fukusaku D Vic Morrow
Tati's Schützenfest	O Jour de fête P Fred Orain	R Jacques Tati D Jacques Tati
Wenn Ludwig in's Manöver zieht	O Wenn Ludwig in's Manöver …	R Ludwig Thoma D Hansi Kraus
Wilhelm Busch – Trickparade	O Wilhelm Busch P Polyphon	R John Halas D Zeichentrickfilm
Pinocchio	O La avventure di Pinocchio P O.R.T.F.	R Luigi Comencini D Gina Lollobrigida

1977

Cannonball	O Cannonball P Shaw Brothers	R Paul Bartel D David Carradine
Chen Sing – Der Superhammer	O Gold Snatchers P First Film/Pro Film	R Kin Lung D Cheng Sing

Hintertupfinger Grand Prix	O Fläklypa Grand Prix P Remo Caprino	R Ivo Caprino D Trickfilm
Mach mich nicht an	O The Pom Pom Girls P Crown-Int. Pictures	R Josef Ruben D Robert Carradine
Das Zuchthaus der verlorenen Mädchen	O Caged Heat P New World Pictures	R Jonathan Demme D Juanita Brown
Im Garten der Qualen	O Le Gardin des Supplices P Stephan Film	R Christian Gion D Roger van Hool
Die Ferien des Monsieur Hulot	O Les Vacances de M. Hulot P Cady-Film	R Jacques Tati D Jacques Tati
Leo der Kriegsheld	O Le Mur de L'Atlantique P SNC/Executif	R Marcel Camus D Bourvil
Liebesnächte in der Taiga	O Liebesnächte in der Taiga P Franz-Seitz-Film	R Harald Philipp D Marie Versini
Unordnung und frühes Leid	O Unordnung und frühes Leid P Franz-Seitz-Film	P Franz Seitz D Martin Held
Lucky-Luke – Daisy Town	O Lucky-Luke – Daisy Town P Dargaud	R MORRIS D Zeichentrickfilm
Mosquito – Der Schänder	O Mosquito – Der Schänder P Monarex	R Marijan Vajda D Werner Pochath
Onkel Filser – Lausbubengeschichten	O Onkel Filser P Franz-Seitz-Film	R Werner Jacobs D Michl Lang
Strafbataillon 999	O Strafbataillon 999 P Willy Zeyn	R Harald Philipp D Sonja Ziemann
Tante Frieda – Neue Lausbuben-geschichten	O Tante Frieda – Neue … P Franz-Seitz-Film	R Werner Jacobs D Heidelinde Weis

1976

Die Schlümpfe und die Zauberflöte	O La Flute a six Stroumpfes P Dupuis/Belvision	R PEYO D Zeichentrickfilm
Asterix erobert Rom	O Les Douce Travaux d'Asterix P Dargaud/Goscinny	R Goscinny/Uderzo D Zeichentrickfilm
Carmina Burana	O Carmina Burana P Bavaria-Atelier	R Jean-Pierre Ponelle D Opernverfilmung
Sadomona – Insel der teuflischen Frauen	O Policewomen P Crown-Film	R Robert Lee D Sandra Currie
Der Dieb von Bagdad	O The Thief of Bagdad P London-Film	R Ludwig Berger D Conrad Veidt

Dunderklumpen	O Dunderklumpen P GK-Film	R Per Åhlin D Zeichentrickfilm
Heidi	O Heidi P Praesens-Film	R Luigi Comencini D Willi Birgel
Karthago in Flammen	O Cartagine in Flamme P Lux/Gallone	R Carmine Gallone D Terence Hill
Frühling für Hitler	O The Producer P Springtime	R Mel Brooks D Zero Mostel
Lausbubengeschichten	O Lausbubengeschichten P Franz-Seitz-Film	R Helmut Käutner D Hansi Kraus
Marty Feldman – Ich kann alles	O Every Home should have one P Ned Sherrin	R Jim Clark D Marty Feldman
Okinawa – Das Stalingrad Japans	O Halls of Montezuma P 20th Century Fox	R Lewis Milestone D R. Widmark
Tödliche Geier	O Ercole contro i Figli del Sole P Wonderfilms	R Oswaldo Civirani D Guiliano Gemma

1975

Aladin und die Wunderlampe	O Aladin et la Lampe Merveilleuse P Les Films J. Image	R Jean Image D Zeichentrickfilm
Felix – Der lustigste Kater der Welt	O Felix – the Cat	R Pat Sullivan
Mein Onkel Theodor	O Mein Onkel Theodor P Ehmck-Film	R Gustav Ehmck D Gert Fröbe
Allein gegen das Gesetz	O Il vero e il Falso P Euro Int. Films	R Eriprando Visconti D Terence Hill
Das Blutgericht der reitenden Leichen	O La Noche de las Gaviotas P Profilm Madrid	R Amando Ossori D Victor Petit
Die fliegenden Feuerstühle	O The deadly Chase P Leader Film	R Henry Jung D Francis Leong
Dünkirchen 2. Juni 1940	O Weekend a Zuydcoote P Paris Film	R Henri Verneuil D Jean-Paul Belmondo
Aschenbrödel	O Tri Orisky Pro Popelku P Prag	R Vàclav Vorliček D Libuse Safrankova
El Alamein	O Divisione Folgore P Esedra Compagnia	R Duilio Coletti D Fausto Tozzi
Goliath und Herkules	O Goliath et la Schiava Ri … P P.E.A. Rom	R Mario Caiano D Gordon Scott
Tonio Kröger	O Tonio Kröger P Thalia	R Rolf Thiele D Jean-Claude Brialy

Wälsungenblut	O Wälsungenblut P Franz-Seitz-Film	R Rolf Thiele D Michael Maien
Wie ein Windhund	O Slalom P Fair Film S.P.A.	
Zelle R 17	O Brute Force P Mark-Hellinger-Prod.	R Jules Dassin D Burt Lancaster

1974

Das Geisterschiff der schwimmenden Leichen	O El Buque Maldito P Ancla Century Film	R Amando Ossori D Jack Taylor
Der Räuber Hotzenplotz	O Der Räuber Hotzenplotz P Ehmck-Film	R Gustav Ehmck D Gert Fröbe
Die Etappenschweine	O La Feldmarescialla P Fida/Viva-Film	R Steno D Terence Hill
Im Dreck verreckt	O La Rapache P P.A.C., Valeria Paris	R Jose Giovanni D Lino Ventura
Im Namen des Volkes	O Im Namen des Volkes P Ottokar Runze	R Ottokar Runze D Strafanstalt Fuhlsbüttel
Ekel	O Repulsion P Compton Film London	R Roman Polanski D Catherine Deneuve
Johanna von Orleans	O Joan of Arc P RKO/Walter Wanger	R Victor Flemming D Ingrid Bergman
Lohn der Angst	O Le Salaire de la Peur P Filmsonor	R Henry George Clouzot D Yves Montand
Robinsons tollste Abenteuer	O Il Racconta della Giungla P Corona, Rom	R Francesco Guido-Giba D Zeichentrickfilm
Sing mir das Lied der Rache	O Fast gun is still my name P New Films/Profilm	R Frank Bronston D William Berger
Zwei Halunken stürmen Troja	O Elena si, ma ... di Troia P Luis Film Rom	R Alfonso Brescia D Don Backy
Der Kommissar und sein Lockvogel	O Dernier domicile Connu P Cite/Valeria	R Jose Giovanni D Lino Ventura
Den Aasgeiern eiskalt serviert	O Callan P Magnum	R Don Sharp D Edward Woodward

1973

Der Schlaghammer aus Shanghai	O The Good and the Bad P Reelife Productions	R Wu Csy Yeuan D Chen Xing
Die 8 Drachenschwerter des Gelben Teufels	O Eight Dragonswords P Eufip International	R Gin San Un D Yhiang Pin
Die Mafia Story	O Sequestro di Persona P Clesi Rom	R Gianfranco Moingozzi D Franco Nero
Die Rückkehr der reitenden Leichen	O The Return of the Blind Dead P Ancla Century Film	R Amando Ossori D Tony Kendall
Kung Fu – Die Karate-Teufel	O The Avengers P Eufip International	R Yu Foon Chi D Yang Chuin
Nora	O A Doll's House P World Film Sales	R Joseph Losey D Jane Fonda
Weihwasser Joe	O Acquasanta Joe P Daunia 70, Rom	R Mario Gariazzo D Richard Harrison
Zwei Halunken im alten Rom	O Poppea una Prostituta P Luis Film Rom	R Alfonso Brescia D Don Backy

1972

Bratpfanne Kaliber 38	O Padello Calibro 38 P Cinegai, Rom	R Toni Secchi D Keenan Wynn
Glut der Sonne	O Dove si Spara di Pui P Framer, Rom	R Gianni Puccini D Arthur Grant
Nachts, wenn das Skelett erwacht	O The creeping flesh P Mike Redbourn	R Freddy Francis D Christopher Lee
Wenn Louis eine Reise tut	O Taxi, Roulette et Corrida P P.A.C.	R Andre Hunebelle D Louis de Funès
Wild auf junge Knospen	O Wild auf junge Knospen P Cinepix	R Denis Heroux D Chantal Renaud
Das Mädchen vom Eichenhof	O Das Mädchen vom Eichenhof P Merry-Film	R Carl Ottosen D Dirch Passer
Der größte Sieg des Herkules	O Ercole l'Invincible P Matheus Film	R Al World D Dan Vadis
Der Sonderling	O Der Sonderling P Franz Osten	R Walter Jerven D Karl Valentin
Der Teufel kennt kein Halleluja	O La Collera del Vento P Fairfilm, Rom	R Mario Camus D Terence Hill
Die Nacht der reitenden Leichen	O La Noche del Terror Ciego P Plata Madrid	R Amando Ossori D Lone Flemming

Donner, Blitz und Sonnenschein	O Donner, Blitz und Sonnenschein P N.F.K.	R Erich Engel D Karl Valentin
Glücklicher Charly/Scheisser	O Glücklicher Charly/Scheisser P Sandrew Stockholm	R Vilgot Sjöman D Bert Lundquist
Grieche sucht Griechin	O Grieche sucht Griechin P Franz-Seitz-Film	R Rolf Thiele D Heinz Rühmann
Heiß und kalt	O Heiß und kalt P action 1	R Gustav Ehmck D Gerhild Berktold
Liebe stärker als Hunger und Durst	O Love in a 4 letter World P Cinepix-Voronka	R John Sone D Andre Lawrence

1971

Cash/Funkstreife XY – Ich pfeif auf mein Leben	O Cash/Funkstreife XY P Danubia-Donau-Film	R Hubert Frank D Günther Neutze
Die Unversöhnlichen	O l'Tre del Colorado P PEA/Cooper Film	R Amando de Ossori D George Martin
Erotissimo	O Erotissimo P Les Films de la Pleiade	R Gerard Pires D Anni Girardot
Insel der grausamen Mädchen	O Slaves of Love P Inter World Films	R Charles Nizet D Peter Owen
Stille Tage in Clichy	O Stille Dage i Clichy P SBA	R Jens Joergen Thorsen D Paul Valjean
Liebe gegen Bezahlung	O Dossier Prostitution P René Thevenet	R Jean-Claude Roy D Jean-P. Ancelle
Däumling und die 7-Meilen-Stiefel	O Tom Thumb P Mexiko	D Zeichentrickfilm
Jaider – Der einsame Jäger	O Jaider – Der einsame Jäger P Bavaria-Atelier	R Volker Vogeler D Gottfried John
Die Rache des Sandokan	O Sandokan alla Riscossa P Liber/Eichberg	R Luigi Capuano D Ray Danton
Die Spalte	O Die Spalte P Ehmck-Film	R Gustav Ehmck D Gerhild Berktold
Draculas Blutrausch	O The scars of Dracula P Hammer-Prod.	R Roy Ward Baker D Christopher Lee
Greta, die Fremde kam nackt	O Claude et Greta P Les Films du Griffon	R Max Pecas D Astrid Frank
Mathias Kneissl	O Mathias Kneissl P Bavaria-Atelier	R Reinhard Hauff D Hanns Brenner

Sandokan und der Leopard	O Sandokan contro il Leopardo P Liber/Eichberg	R Luigi Capuano D Ray Danton
Deep End	O Deep End P Maran Film	R Jerzy Skolimowski D Jane Asher
Asterix der Gallier	O Asterix le Gaulois P Dargaud/Edi	R Ray Goossens D Zeichentrickfilm

1970

Perix der Kater und die drei Mausgetiere	O Nagagutso o Haita neko P Toei Tokio	R Kimio Yabuku D Zeichentrickfilm
Heiß im Bett	O Heiß im Bett P Extraordinary Film	R J. Nehemia D Rusty Allen
Höllenreise mit der Zeitmaschine	O Höllenreise P American International	R Ib Melchior D Preston Foster
The War Game	O The War Game P BBC-TV	D Dokumentation
Das liebste Spiel	O Det kære Legetoj P Axel-Film	R Gabriel Axel D Gurli Taschner
Töte, Amigo	O Quien Sabe P M.C.M. Rom	R Damiano Damiani D Klaus Kinski

1969

Asterix und Cleopatra	O Asterix et Cleopatre P Dargaud/Edi	R Goscinny/Uderzo D Zeichentrickfilm
Das älteste Gewerbe der Welt	O Les plus vieux Metier du Monde	R Michael Pfleghaar D Raquel Welch
Der junge Törless	O Les desarrois de l'Eleve … P Franz-Seitz-Film	R Volker Schlöndorff D Mathieu Carriere
Pudelnackt in Oberbayern	O Pudelnackt in Oberbayern P Top/Romano	R Hans Albin D Hans v. Borsody
Die jungen Tiger von Hongkong	O Die jungen Tiger von Hongkong P Rapid/Hope	R Ernst Hofbauer D Robert Woods

1968

Falstaff	O Campanadas a Medianoche P Harry Saltzman Prod.	R Orson Welles D Orson Welles
Luana – Fluch des weißen Goldes	O Luana …	R Bob Raymond D Mei Chen
Western Jack	O Ride bene Chi Sparta ultimo P Primex Italia	R Luigi Vanzi D Tony Anthony
Das Grauen auf Schloß Whitley	O Monster of Terror P Alta vista	R Daniel Haller D Boris Karloff
Wir … die Wilden vom Sunset Strip	O Riot on Sunset Strip P American-International	R Arthur Dreifuss D Aldo Ray
Töte, Ringo – töte!	O Uno sceriffo tutto d'Oro P Wonder Films	R Richard Kean D Luis McJulian
Die drei Wünsche	O Tri Prani P Studio Barandov	R Jan Kadar D Bohus Zahorsky

1967

Judoka – Unser Mann von Interpol	O Le Judoka Agent Secret P Produktion F.C.P.	R Pierre Zimmer D Jean-Claude Bercq
Lana – Königin der Amazonen	O Lana – Königin der Amazonen P Team	R Geza v. Cziffra D Christian Wolff
Lemmy Caution schlägt zu	O Lemmy Caution schlägt zu P Generale Europ. Film	R Pierre Montazel D Eddie Constantine
Nackt erobern wir New York	O Sexperts P Prod. Extraordinary Film	R William Mishkin D Lana Lyn
Sprich – und du wirst sterben	O L'Homme qui trahit P Mercur-Film	R Charles Gerard D Robert Hossein
Texas-Jack: Blei ist sein Lohn	O Texas-Jack …	R Rafael Marchent D Craig Hill
Und die Wälder werden schweigen	O Le chante du Monde P Orphee	R Marcel Camus D Hardy Krüger
Der Anwalt des Teufels	O Der Anwalt des Teufels P I.F.C. Produktion	R Lothar Gündisch D Norst Naumann
Der Schleier fiel	O Der Schleier fiel	R Paul May D Vera Tschechowa
Die Killergirls von Caracas	O Die Killergirls von Caracas	R Raoul Andre D Rod Carter
Geheimauftrag CIA – Frank Collins 999	O Geheimauftrag CIA … P Produktion C.F.E.P.	R Ricardo Freda D Lang Jeffries

Heiße Ware	O Heiße Ware P Astra	R Paul May D Margit Saad
Liebe, Musik und Übermut	O Liebe, Musik und Übermut P Produktion Cine-Film	R Hans Billian D Vivi Bach
Nackt wie er sie wollte	O Hörig bis zur letzten Sünde P IFC Produktion	R Lothar Gündisch D Carine Christian

1966

3 x Dick und Doof	O Bean Hunks/Heepmates	R Hal Roach D Laurel & Hardy
Aufstand der Kosaken	O Aufstand der Kosaken P Henry Zaphiratos	R Ferdinando Baldi D Wladimir Medar
100 Millionen im Eimer	O 100 Millionen im Eimer P Produktion F.C.P.	R Pierre Grimblat D Jean-Claude Brialy
100 000 Dollar für Ringo	O 100 000 Dollar für Ringo	R Alberto de Martino D Richard Harrison
Can Can – Die schönsten Beine von Paris	O Can-Can P Jack Cummings	R Walter Lang D Frank Sinatra
Das Spukschloß im Salzkammergut	O Das Spukschloß im ... P Georg Witt	R Lothar Gündisch D Hannelore Auer
Der Blaue Panther	O M.C. contra Dr. Kha	R Claude Chabrol D Marie Laforet
Der Förster vom Silberwald/ Echo der Berge	O Der Förster vom Silberwald P Rondo-Film	R Alfons Stummer D Anita Gutwell
Der Orgelbauer von St. Marien	O Der Orgelbauer von St. Marien P Schönbrunn-Film	R August Rieger D Paul Hörbiger
Drei weiße Birken	O Drei weiße Birken P Astra Filmkunst	R Hans Albin D Erika Remberg
Eddie küßt mit Blei/ Eddie geht auf's ganze	O Comment qu'elle est P C.I.C.C.	R Bernard Borderie D Eddie Constantine
Geheimauftrag CIA – Istanbul 777	O Coplan FX 18 Casse Tout P Comptoir France	R Riccardo Freda D Richard Wyler
Hohe Tannen	O Hohe Tannen P Rex-Film	R August Rieger D Gerlinde Locker
Mädchenjagd in St. Pauli	O Mädchenjagd in St. Pauli P G.-Schlesinger-Film	R Günter Schlesinger D Margot Hilenbrandt
Meine Nächte mit Jacqueline	O La vie conjugale (Jean-Marc) P Borderie	R Andre Cayatte D Marie-Jose Nat
Meine Tage mit Pierre	O La vie conjugale (Françoise) P Borderie	R Andre Cayatte D Jacques Carrier

Nattmara – Der Killer von Stockholm	O Nattmara P Svensk Filmindustri	R Arne Mattsson D Ulla Jacobsson
Schuld und Sühne	O Crime et Chatiment P Champs Elysees	R Georges Lampin D Jean Gabin
Herrgottsgrenadiere	O Blood of the Arrow P Leon Fromkess	R Sidney Salkow D Dale Robertson
Komm mit zur blauen Adria	O Komm mit zur blauen Adria P Music House	R Hans Billian D H. Sommerfeld
X 3000 – Fantome gegen Gangster	O Uchu Daikaiju Dogora P Toho, Japan	R Ishoro Honda D Wolf Hunter
Der Sheriff von Lincoln City	O Last of the Desperados P Ass. Film Release	R Sam Newfield D James Craig
Die kreuzfidele Hochzeitsnacht	O Die kreuzfidele Hochzeitsnacht P Music House	D Vivi Bach
Die schwarze Tulpe	O La Tulipe Noir P Mediterranee-Flora	R Christian Jaque D Alain Delon
Das Mädchen mit dem Sexten Sinn	O Das Mädchen mit dem ... P Tivoli/VIVA-Film	R Hubert Frank D Brigitte Heiberg
Wachs in meinen Händen	O Wachs in meinen Händen P Intercine/Svensk-Film	D Jean Marais
Wo der Wildbach rauscht	O Wo der Wildbach rauscht P H.-D.-Film	R Heinz Paul D Walter Richter
Zwei alte Sünder	O Heiratskandidaten P Rex-Schönbrunn-Film	R Hermann Kugelstadt D Beppo Brem

1965

Blond und Brutal	O The Seducers P Boar's Head Film	R Graeme Ferguson D Nuella Dierking
Das Hotel der toten Gäste	O Das Hotel der toten Gäste P MusicHouse	R Eberhard Itzenplitz D Joachim Fuchsberger
Der Bettelstudent	O Der Bettelstudent P Carlton-Film	R Werner Jacobs D Gerhard Riedmann
Der Ritt nach Alamo	O La strada per Fort Alamo P Achille Piazzi	R John Old D Ken Clark
Die Kastilier	O The Castilian P Sidney Pink/Cinemagic	R Javier Seto D Cesar Romero
Die Lady – Das Mädchen aus dem Hafen	O Die Lady P Hans-Albin-Film	R Hans Albin D Ingrid Thulin
Die Sennerin von St. Kathrein	O Die Sennerin von St. Kathrein P OEFA/Schönbrunn	R H. B. Fredersdorf D Anita Gutwell

Eva unter nackter Sonne	O The Nudist Story P Danzinger	R Ramsey Harrington D Shelley Martin
FBI sucht Lemmy Caution	O FBI sucht Lemmy Caution P Lutetia-Sonorfilms	R Jean Sacha D Eddie Constantine
Heiratskandidaten	O Heiratskandidaten P Rex	R Hermann Kugelstadt D Beppo Brem
Ich kauf mir lieber einen Tirolerhut	O Ich kauf mir lieber einen … P MusicHouse	R Hans Billian D Hannelore Auer
Ludwig II.	O Ludwig II. P AURA	R Helmut Käutner D O.W. Fischer
Minnesota Clay	O L'Homme du Minnesota P Ultra-Jaguar-Franco	R Sergio Corbucci D Cameron Mitchell
Mit Faust und Degen	O Il magnifico Avventuriero P SPA-Centaure-H.	R Riccardo Freda D Brett Halsey
Mondo Erotico	O Tentazioni Proibite P Wonder Film	R Osvaldo Civirani D Tanzfilm
Nachts in Nordischen Häfen	O Nachts in Nordischen Häfen P Kurkvaara-Film	R Mauno Kurkvaara D Ann Savo
Ursus der Unbesiegbare	O Ursus nella Terra di Fuoco P CINE Italia Film	R Giorgi Simonelli D Ed Fury
Der Held von Kastilien	O Der Held von Kastilien P Cinemagic Inc.	D Broderick Crawford
Der Körper und die Peitsche	O Der Körper und die Peitsche P Vox/Francinor	R John M. Old D Daliah Lavi
Die Abenteuer des Robin Hood	O Die Abenteuer des Robin Hood P Warner Bros.	R Michael Curtis D Errol Flynn
Die Dirnen von London	O West End Jungle P Searchlight	R Arnold Miller
Eva aus Schweden	O Eva aus Schweden P ANCO AG	R Olaf Bergström D Dieter Borsche
Polizeibericht: Von unbekannten Tätern vergewaltigt	O Polizeibericht P Dani Lynn	R Leo Handel
Pop und Snuffy	O Pop und Snuffy P King Features Syndicate	R Paul Fennel D Zeichentrickfilm

1964

Blutige Straße	O Hell on Frisco Bay P Warner	R Frank Tuttle D Alan Ladd
Der einsame Adler	O Drum Beat P Warner	R Delmer Daves D Alan Ladd
Der Pfarrer von St. Michael	O Der Pfarrer von St. Michael P Rex-Film	R Wolfgang Glück D Erich Auer
Die lustigen Weiber von Tirol	O Die lustigen Weiber von Tirol P MusicHouse	R Hans Billian D Hannelore Auer
Durchbruch bei Morgenrot	O The deep Six P Warner	R R. Mate D Alan Ladd
Einmal noch die Heimat sehn	O Einmal noch die Heimat sehn P Rex-Film	R Otto Meyer D Anita Gutwell
Er kam, sah und siegte	O Guns of the Timberland P Jaguar	R Robert Webb D Alan Ladd
Herrscher über weites Land	O The Big Land P Warner	R Gordon Douglas D Alan Ladd
Nachtlokal zum Silbermond	O Nachtlokal zum Silbermond P Rex	R Wolfgang Glück D Marina Petrowa
Schrei in der Nacht	O A Cry in the Night P Warner	R Frank Tuttle D Natalie Wood
Sturm am Wilden Kaiser/Bergwind	O Sturm am Wilden Kaiser/Bergw. P Benesch-Film	R Eduard v. Borsody D Hans v. Borsody
Zeit der Liebe	O Rakas P Kurkvaara-Film	R Mauno Kurkvaara D Sinikka Hannula
Caesar's Sieg über die Piraten	O Caesar's Sieg über die Piraten P C.A.P.R.I.	D Gustavo Rojo
In fremden Betten	O Reveille-toi P Panda	R Claude Magnier D Daniel Gelin
Orientalische Nächte	O Orientalische Nächte P H.P.	R Heinz Paul D Marina Petrowa
Der Untergang von Metropolis	O I gigante di Metropolis P Centro	R Umberto Scarpelli D Gordon Mitchell
Die sieben Schwerter der Rache	O La sette Spade del Ven … P Adelphia/Fancisco	R Riccardo Freda D Brett Halsey

1963

Annelie vom Berghof	O Wildwest im Emmenthal P Neue Film	R Franz Schnyder D Annemarie Düringer
Übermut im Salzkammergut	O Übermut im Salzkammergut P MusicHouse	R Hans Billian D Claus Biederstaedt
Das Erbe von Björndal	O Das Erbe von Björndal P Wiener Mundus	R Gustav Ucicky D Maj-Britt Nilson
Gefährlich sind die hellen Nächte	O Noita Palaa Elämään P Fennada-Film	R Roland Alf Hallström D Toivo Mäkelä
Der Fall Patty Smith – §218	O The case of Patty Smith P Impact-Films	R Leo Handel D Dani Lynn
Liebling »Rakas«	O Liebling »Rakas« P Kurkvaara-Film	R Mauno Kurkvaara D Sinikka Hannula
Süße Begierde	O I dolci inganni P Titanus-Film	R Alberto Lattuada D Katharine Spaak
Todesfalle Tresor 17	O Rapina al Quartiere Ovest P Mercurio	R Filippo Ratti D L. Montaigne
Und ewig singen die Wälder	O Und ewig singen die Wälder P Wiener Mundus	R Paul May D Gert Fröbe
Es begann, als sie Nein sagte	O These dangerous years P Anne Negle	R H. Wilcox D F. Vaughan
Ich heirate Herrn Direktor	O Ich heirate Herrn Direktor	R Wolfgang Liebeneiner D Heidelinde Weiss
Schlacht um Babylon	O Il Conquistatore d'Oriente P Tabos	R Tanio Boccia D Rik Battaglia
Die Nacht der Gehetzten	O La Nuit des Traques P Paris-Elysees	R Bernard Roland D Philippe Clay
So ein Millionär hat's schwer	O So ein Millionär hat's schwer P ÖFA-Film	R Geza v. Cziffra D Peter Alexander

1962

Ursus im Reich der Amazonen	O La regina delle Amazzoni P Glomer Film/Galatea	R Vittorio Sala D Ed Fury
Seddok – Der Würger mit den Teufelskrallen	O Seddok P Lion's	R Giulio Majano D Alberto Lupo
Verrückt und zugenäht	O Verrückt und zugenäht P Astra-Film	R Rolf Olsen D Vivi Bach
Candide oder: Der Optimismus im 20. Jahrhundert	O Candide P Selmour/ABC	R Norbert Carbonnaux D Jean-Pierre Cassel

Ursus im Tal der Löwen
O Ursus nella Valle dei Leoni
P CINE Italia Film
R Carlo Bragaglia
D Ed Fury

Der Graf und die 3 Musketiere
O Der Graf und die 3 Musketiere
P C.F.P.C. Paris
R Fernando Cerchio
D Dawn Addams

Der Meistergauner
O Il Mattadore
P Maxima-Cei-Film
R Dino Risi
D Vittorio Gassmann

Ein Liebespaar
O Ein Liebespaar
P Contakt, Paris
R Louis Duchesne
D Agnes Laurent

Terror in Mesa-City
O 7 Guns to Mesa
P William Broidy
R Edward Dein
D Charles Quinlivan

Karawane westwärts
O Southwest Passage
P Edward Small
R Ray Nazzaro
D Rod Cameron

Keiner hört ihn beten
O Un hecho violenta
P Nervion-Film
R J.M. Forque
D Richard Morse

Overland Pacific
O Overland Pacific
P Reliance Pictures
R Fred F. Sears
D Jack Mahoney

Verrat am Khyberpass
O Khyber Patrol
P United Artists
R Seymor Freedman
D Dawn Addams

1961

Bomba – Rache im Dschungel
O Safari Drums
P Walter Mirisch
R Ford Beebe
D Johnny Sheffield

Bomba und der schwarze Panther
O Bomba on Panther Island
P Allied Artists
R Ford Beebe
D Johnny Sheffield

Auf St. Pauli ist der Teufel los
O I Magliari
P Titanus
R Francesco Rosi
D Belinde Lee

Die Junggesellenfalle
O Die Junggesellenfalle
P Merkur
R F. Böttger
D O. Sima

Die Ratten von Paris
O Le Jeux Dangereux
P Metzger+Woog
R Pierre Chenal
D Pascale Audret

Männer mögen's so
O Il segno di Venere
P Titanus-Film
R Dino Risi
D Sophia Loren

Robert und Bertram
O Robert und Bertram
P Alfa
R Hans Deppe
D Willy Millowitsch

Frauen in Erpresserhänden
O Chantage
P Metzger+Woog
R Guy Lefranc
D Raymond Pellegrin

In Montmartre wird es Nacht
O En legitime Defence
P Paul Wagner
R Berthomieu
D B. Blier

Mädchen ohne Zimmer
O Flamman
P Metronome Studios
R A. Ragneborn
D C. Westerlund

Nacht über Paris	O Rafles sur la Ville P Metzger+Woog	R Pierre Chenal D Chanel Vanel
… ein Liebespaar	O Pêche de Jeunesse	R Louis Duchesne D Agnes Laurent
Die Katze zeigt die Krallen	O La Chatte sort ses Griffes P Metzger+Woog	R Henri Decoin D Françoise Arnoul
Strolch, der Straßenhund	O Strolch, der Straßenhund	

1960

Zwei Augen – Zwölf Hände	O Do Ankhen barah Haath P Rajkamal Kalamandir	R Shantaram D Shantaram
Der Maler und sein Modell	O El Seductor P Calderon	R Chano Urueta D Ana Luisa Peluffa
Das Gefängnis der gefährlichen Mädchen	O Carcel de Mujeres	R M. M. Delgado D S. Montiel
Der Rächer wartet schon	O Fury at Showdown P B.G.	R Gert Oswald D John Derek
Mädchen zum Mitnehmen	O Girl with an Itch P Don-Tru	R Ronnie Ashcroft D K. Marlowe
Sie hassen und sie lieben	O Les Loups dans la Bergerie P Madelaine	R H. Bromberger D Jean Babilee
Das Loch	O Le Frou P Prod. Filmsonar	R Jacques Becker D Michel Constantin
Die Piraten von Tripolis	O Pirates of Tripoli P Clover Production	R Felix Feist D Paul Henreid
Freunde durch dick und dünn	O Three bags full P Rank	R John Baxter D Mark Daly

1959

… und die Eltern wissen nichts davon	O Les promesses dangereuses P Solar Film	R Jean Gourguet D Françoise Vatel
Der Seewolf	O Wolf Larsen P Allied Artists	R Harmon Jones D B. Sullivan
Der Gefangene	O The prisoner P Columbia	R Peter Glenville D Alec Guiness
Von Cowboys gejagt	O Snowfire P Allied Artists	R Dorrell McGowan D Molly McGowan

Der falsche Prinz	O Labakan P CSR	R Vaclav Krska D Karel Fiala
Insel der Versuchung	O L'Ile au bout du Monde P Riviera International	R Edmong Greville D Rossana Podesta
Sherlock Holmes und die Geheimwaffe	O S.H. in Washington P Champion Pictures	R R.W. Neill D Basil Rathbone
Sherlock Holmes und die Nacht des Schreckens	O Terror by Night P Champion Pictures	R R.W. Neill D Basil Rathbone
Auf euren Hochmut werde ich spucken	O J'Irai Cracher sur vos ... P Sipro	R Michael Gast D Christian Marquand
Die Bremer Stadtmusikanten	O Die Bremer Stadtmusikanten P Schonger-Film	R Rainer Geis D Peter Thom

1958

Das Mädchen vom See	O Morsius Seppele P Suomi-Film	R Hannu Leminnen D A.-M. Tikkanen
Der Faulpelz	O Le Chomeur de Cloche ... P Fides	R Jean Boyer D Fernandel
Die Katze	O La Chatte P Metzger+Woog	R Henri Decoin D Françoise Arnoul
Im Schatten der Angst	O The Weapon P Hal Chester	R Val Guest D John Whitely
Hubertusjagd	O Hubertusjagd P Schonger-Film	R Hermann Kugelstadt D Angelika Meissner
Der Soldat und das Mädchen	O These dangerous years P Hessen Film	
Frühling in Paris	O Printemps à Paris P Sosiete Gimeno	R Jean-Claude Roy D Christine Carrere
Im Schatten der Angst	O The Weapon P Eros Film	
Prinzessin Goldhaar	O Zlatovlaska P CSR	R Hermina Tyrlova D Puppenfilm
Sherlock Holmes auf Mord eingestellt	O S.H. Dressed to kill P Champion Pictures	R R.W. Neill D Basil Rathbone
Sherlock Holmes sieht dem Tod ins Gesicht	O S.H. faces Death P Champion Pictures	R R.W. Neill D Basil Rathbone
Peppino und Violetta	O Peppino et Violetta P Excelsa-Constellation	R Maurice Cloche D Vittorio Manunta

Belauschte Tierwelt	O Belauschte Tierwelt P Hungaro-Film	R A. Kollanyi
Zauber der Natur	O Zauber der Natur P Opus-Film	R Richard Mostler D Naturfilm
Im Zauberreich des Berggeistes	O Das singende, klingende ... P Alexander Lösche	R Francesco Stefani D Christel Bodenstein
Skabenga – Mörder des Dschungels	O Skabenga P Allied Artists	R Edwars Bends D George Michael
Durchgebrannt nach Spanien	O Durchgebrannt nach Spanien P Waldeck Film	R Herbert Giffei D Rolf Gekeler

1957

Die kleinen Robinsons	O Robinson P Franfilm/Schonger	R Marc de Gastyne D Jacky + Hermine
Kati und die Wildkatze	O Katies a Vadmacska P Hungaro-Film	R Agoston Kollanyi D Lajos Vanasa
Der kühne Schwimmer	O Der kühne Schwimmer P Roxy	R Karl Anton D Gunther Philipp
Kamerad Pferd	O Kamerad Pferd P Unda-Film	R Walter Koch D Kulturfilm
Aufruhr im Schlaraffenland	O Aufruhr im Schlaraffenland P Förster-Film	R Otto Meyer D Alexander Engel
Liebe einer Sommernacht	O Hilja Maitotyttö P OY Suomenfilms	R Toivo Särkkä D Ann Savo
Der Wilderer vom Silberwald	O Der Wilderer vom Silberwald P Rex-Film	R Otto Meyer D Anita Gutwell
Zwei Matrosen auf der Alm	O Zwei Matrosen auf der Alm P Schonger-Film	R Peter Hamel D Anita Gutwell
Der Wolf und die 7 Geißlein	O Der Wolf und die 7 Geißlein P Schonger-Film	R Peter Podehl D Harriet Gessner
Rübezahl – Herr der Berge	O Rübezahl – Herr der Berge P Schonger-Film	R Erich Kohler D Franz Essel
Was die Schwalbe sang	O Was die Schwalbe sang P Berolin	R Geza v. Bolvary D Maj-Britt Nilsson
Wenn Mädchen reif zur Liebe werden	O Les premieres Sutrages P S.F.P.	R jean Gourguet D Jean Gourguet
Whisky, Dynamit und Teufelsweiber	O La Soupe à la Grimace P Sonofilm	R Jean Sacher D Maria Mauban

1956

Max und Moritz (Farbe)	O Max und Moritz P Förster-Film	R Norbert Schultze D N.+K. Schultze
Tischlein deck dich	O Tischlein deck dich P Schonger-Film	R Jürgen v. Alten D Bobby Todd
Peter und der Riese	O Kekec P Triglaf/Bohemia	R Joze Gale D M. Bart
Äthiopien – Kaiserreich zwischen Gestern und Morgen	O Äthiopien … P Deutsche Wochenschau	R Manfred Purzer D Dokumentarfilm
Die Heinzelmännchen	O Die Heinzelmännchen P Schonger-Film	R Erich Kobler D Bora Minor
Finnland – Land der 1000 Seen	O Finnland – Land der 1000 Seen P Peter Höfer	R Peter Höfer D Reisebericht

1955

Es war einmal ein König	O Byl Jednou jeden Kral P CSR Filmexport	R Borivoj Zeman D Jan Werich
Däumlings wundersame Reise	O Jeannot l'Intrepide P Jean Image	R Jean Image D Zeichentrickfilm
Der Fischer vom heiligen See	O Der Fischer vom heiligen See P König-Film	R Hans König D Edith Hill
Der gestiefelte Kater	O Der gestiefelte Kater P Förster-Film	R Herbert Fredersdorf D Margitta Sonke
Winter in den Alpen	O Winter in den Alpen P Max Zehenthofer	R Max Zehenthofer D Dokumentarfilm
Till Eulenspiegel	O Till Eulenspiegel	D Theo Lingen
Das Forsthaus in Tirol	O Das Forsthaus in Tirol P König-Film	R Hermann Kugelstadt D A. Schoenhals
Die verschwundene Stadt Dresden	O Die verschwundene Stadt … P Boehner-Film	R C. A. Engel D Dokumentarfilm
Über Tal und Wolken	O Über Tal und Wolken P Wolfgang Gorter	R Wolfgang Gorter D Hans Schöfmann
Ruf der Berge	O Ruf der Berge P Eduard Wieser	R Eduard Wieser D Dokumentarfilm
Der nackte Amazonas	O Der nackte Amazonas P Zygmunt Sulistrowski	
Benehmen ist Glückssache	O Benehmen ist Glückssache P Olympia-Film	R Robert Sandner D Ellinor Jensen

Im Zauber von Paris	O Montmartre Nocturne P J.C. Bernard	R J.C. Bernard D Dokumentarfilm
Rumpelstilzchen	O Rumpelstilzchen P Förster-Film	R Herbert Fredersdorf D Werner Krüger
Schneewittchen und die 7 Zwerge	O Schneewittchen und die ... P Schonger-Film	R Erich Kobler D Elke Arendt
Schneeweißchen und Rosenrot	O Schneeweißchen und Rosenrot P Schonger-Film	R Erich Kobler D R. Seehofer
Der weiße Hengst	O Crin Blanc	R Albert Lamorisse
Dein Horoskop – Dein Schicksal	O Dein Horoskop – Dein Schicksal P Schonger	R Konrad Lustig D Dokumentation

1954

10 kleine Negerlein	O 10 kleine Negerlein P Delos-Film	R Rolf von Sydow
Ferienparadies Schweiz	O Erotissimo P Dorta-Film	R Herman Dorst D Dokumentarfilm
Auf den Spuren der Inkas	O Auf den Spuren der Inkas P Eugen Schumacher	R Eugen Schumacher D Dokumentarfilm
Geliebtes Fräulein Doktor	O Liebesbriefe aus ... P König-Film	R Hans König D Edith Mill
Rotkäppchen	O Rotkäppchen P Schonger-Film	R Walter Janssen D Maren Bielenberg
Auch die Augen hinterlassen Spuren	O Los Ojos de jan Juellas P Schonger	R Saenz de Heredia D Raf Vallone
König Drosselbart	O König Drosselbart P Delos-Film	R Herbert Fredersdorf D Ottokar Runze
Der Riese Tunichtgut	O Der Riese Tunichtgut P Schonger	D Puppenfilm
Hänsel und Gretel	O Hänsel und Gretel P Schonger-Film	R Walter Janssen D Renée Stobrawa
Kasper auf Räuberjagd	O Kasper auf Räuberjagd P Förster-Film	D Puppenfilm
Kasper auf dem Meeresgrund	O Kasper auf dem Meeresgrund P Förster-Film	D Puppenfilm
Schönes Alpenland	O Schönes Alpenland P ARRI (Arnold + Richter)	R Joachim Quehl D Dokumentarfilm
Die stolze Prinzessin	O Pysna Princesna P CSR/Jugendfilm	R Borivoj Zeman D Alena Varnova

Frühling in Sorrent	O Frühling in Sorrent P Tofi-Film	R Schott-Schöbinger D Wolf Albach-Retty
Vom Bodensee nach Berchtesgaden	O Vom Bodensee nach … P ARRI	D Dokumentarfilm
Von Venedig nach Wien	O Von Venedig nach Wien P Max Zehenthofer	R Max Zehenthofer D Dokumentarfilm
Prinzessin Dornröschen	O Prisessa Ruusunen P Finnland+JFV	R Edwin Laine

1953

Die Prinzessin und der Schweinehirt	O Die Prinzessin und der … P Infa-Film	R Schultze D Liane Croon
Zwerg Nase	O Zwerg Nase P Schonger	R Francesco Stefani D Hans Clarin
Die goldene Gans	O Die goldene Gans P Schonger-Film	R Walter Oemichen D Ina Peters
Schönes Schweizerland	O Schönes Schweizerland P ARRI	R Gerhard A. Donner D Dokumentarfilm
Überfall in der Teufelsschlucht	O Überfall in der Teufelsschlucht P Röderfilm	
Das Mädchen mit den Schwefelhölzern	O Das Mädchen mit den … P Europ. Television	R Fritz Genschow D J.Wichmann
Brüderchen und Schwesterchen	O Brüderchen und Schwesterchen P Schonger-Film	R Walter Oehmichen D Götz Wolf
Das Räuberwirtshaus	O Das Räuberwirtshaus P Schonger	
Bim, der Esel	O Bim P Schonger	R Albert Lamorisse D Tiermärchen
Das Drachenschloß	O Das Drachenschloß P Schonger	
Die Kinder von Mara-Mara	O Bush Christmas P G.B. Institut	R Ralph Smart D Chips Rafferty
Der geheimnisvolle Tunnel	O The Secret Tunnel P G.B. Institut	R A.C. Hammond D Roger+Jihn
Das Schmugglerschiff	O Das Schmugglerschiff P Schonger	
5000 Jahre Ägypten	O 5000 Jahre Ägypten P Bernhard-Redetzki-Film	
Sonniges Spanien	O Sonniges Spanien P Wieser-Film	R Eduard Wieser D Reisefilm

Sommernächte mit Manina	O Manina, la fille sans voile P Sport-Film	R Willy Rozier D Brigitte Bardot
Die Mühle im Schwarzwäldertal	O Die Mühle im Schwarzw... P König-Film	R Herman Kugelstadt D Edith Mill
Heimatglocken	O Heimatglocken P König-Film	R Herman Kugelstadt D Hansi Knotek

1952

1–2–3 Corona	O 1–2–3 Corona	
Hafenstadt	O Hamstad P Svensk Film Industri	R Ingmar Bergman D Nine-C. Jönsson
Kampf der Tertia	O Kampf der Tertia P Cinephon	R Eric Ode D Brigitte Rau
Matrose wider Willen	O Flottans Kavaljerer P Alster-Film	R Gustav Edgren D Ake Söderblom
Spiele der Nationen	O Spiele der Nationen	D Kulturfilm
Wir reisen in die Schweiz	O Wir reisen in die Schweiz	D Kulturfilm
Krebs ist heilbar	O Krebs ist heilbar P Dorta	
Das Wunder von Fatima	O Senora di Fatima P Aspa/Schonger	R Rafael Gil D Ines Orsini
Das Wunderfenster	O Das Wunderfenster	
Aschenputtel	O Aschenputtel P Zengerling	
Ägypten	O Ägypten P Bernhard Radetzki	R Bernhard Radetzki

1951

Gesetz ohne Gnade	O Das Gipfelkreuz P Citifilm	R Dr. Reinl D Karl Loven
Das Leben beginnt	O Matura-Reise P Gloria/Zürich	R Sigfrit Steiner D Annemarie Blanc
Das Teufelchen Benjamin	O Das Teufelchen Benjamin P Exelsior Film	

Der Held im Ring	O When is your Birthday? P Wotan	R Harry Beaumont D Joe Brown
Die letzte Runde	O Die letzte Runde P Wotan	R Werner Klingler D Attila Hörbiger
Die mißbrauchten Liebesbriefe	O Die mißbrauchten Liebesbriefe P Präsens	R Leopold Lindtberg D Paul Hubschmid
Es leuchten die Sterne	O Es leuchten die Sterne P Tobis	R Hans Zerlett D La Jana
Geheimnisvolle Spuren	O Geheimnisvolle Spuren P Wotan	
Himmel über den Sümpfen	O Cielo sulla Palude P Schonger	R Augusto Genina D Ines Orsini
Kriminalkommissar Stauder	O Kriminalkommissar Stauder P Wotan	
Männer ohne Nerven	O Silver on the Sage P Paramount	R Lesley Selander D William Boyd
Mord im Schneesturm	O Snoestormen P Wotan	R Ake Ohberg D Karin Ekelund
Sie sind nicht mehr	O Sie sind nicht mehr P Malbran-Film	R Werner Malbran
Tarzan's neueste Abenteuer I+II	O New adventures of Tarzan P Burroughs Tarzan	R Eduard Kull D Hermann Brix
Tolle Nacht?	O Tolle Nacht? P Wotan	
Truxa	O Truxa P Tobis	R Hans Zerlett D La Jana
Zwei Frauen	O Zwei Frauen P Akros Film	
Kasper gibt Vollgas	O Kasper gibt Vollgas P Boehner-Film	R C. A. Engel D Puppenfilm
Salzburg	O Salzburg P Schonger	

1950

Das Ende einer großen Liebe	O Elvira Madigan P Europa	R Ake Ohberg D Eva Henning
Die Blume des Klabautermanns	O Die Blume des Klabautermanns P Gebr. Diehl	
Der Graf von Carabas	O Calif Storch P Gebr. Diehl	R Gebr. Diehl D Kurzfilme

Gasparone	O Gasparone P UFA	R Georg Jacoby D Marika Rökk
Gefährlicher Frühling	O Gefährlicher Frühling P UFA	R Hans Deppe D Olga Tschechowa
Immer wieder Glück	O Immer wieder Glück P Gebr. Diehl	R Gebr. Diehl D Puppentrickfilm
Johannisnacht	O Johannisnacht P Adlerfilm	
Kaspers Reise um die Welt	O Kaspers Reise um die Welt P Förster	R Volker von Collande D Puppenfilm
Unser kleiner Junge	O Unser kleiner Junge	
An die Freude	O Till Glädje P Svensk Filmindustri	R Ingmar Bergman D Mai-Britt Nilson
Zwischen den Eltern	O Zwischen den Eltern	
Karawane zur Hölle	O Pampa Barbara P Akros Film	R Lucas Demare D Francisco Petrone
Paradies auf Erden	O Paradies auf Erden P Multi	R Schonger D Reisebericht

1949

Der wunderbare Kris	O Der wunderbare Kris P Beyfuß	R Kurt v. Oerthel D Eingeborene
Die Söhne des Herrn Gaspary	O Die Söhne des Herrn Gaspary P Junge Film Union	R Rolf Meyer D Lil Dagover
Hans im Glück	O Hans im Glück P Schonger-Film	R Peter Hamel D Gunnar Möller
Ins Land der Dolomiten	O Ins Land der Dolomiten	D Dokumentarfilm
Krishna – Abenteurer im Indischen Dschungel	O Krishna – Abenteurer im ... P Lola Kreutzberg	R Henry Stuart D Kulturfilm
Walfisch in Sicht	O Walfisch in Sicht	D Dokumentation
Tiergarten Südamerika	O Tiergarten Südamerika P UFA	R Dr. Werner Buhre
Bergkristall – Der Wildschütz von Tirol	O Bergkristall – Der Wildschütz... P Plesner/Schonger	R Harald Reinl D Franz Eichberger

1948

Kasper reist ins Märchenland	O Kasper reist ins Märchenland P Dautert-Film	D Puppenfilm
Kaspar: Das verzauberte Tüchlein	O Kaspar: Das verzauberte … P Schonger	D Puppenfilm
Kasper am Nixensee	O Kasper am Nixensee P Schonger	D Puppenfilm
Vor uns liegt das Leben / Die Fünf vom Titan	O Vor uns liegt das Leben / … P Stella	R Günther Rittau D H. Speelmans
Das Zauberbuch	O Das Zauberbuch P Dautert	D Puppenfilm
Der geheimnisvolle Radioapparat	O Der geheimnisvolle Radio… P Dautert	
Pimpinella	O Pimpinella P Schonger	D Puppenfilm
Der kleine Däumling	O Der kleine Däumling P Schonger/Jugendfilm	
Die sieben Raben	O Die sieben Raben	
Die Spielzeugschachtel	O Die Spielzeugschachel	
Die Wiesenzwerge	O Die Wiesenzwerge P Schonger	
Frieder und Catherlieschen	O Frieder und Catherlieschen P Schonger	D Lucie Englisch
Wundervolle Märchenwelt	O Wundervolle Märchenwelt	
Frau Holle	O Frau Holle P Schonger-Film	D Elfie Beyer
V. Olympische Spiele 1948	O V. Olympische Spiele 1948 P Condor-Film	
Der verzauberte Königssohn	O Der verzauberte Königssohn P Herbert Kebelmann	R Franz Fiedler D Paul Mederow
Frauen, Masken und Dämonen	O Frauen, Masken und Dämonen P Hans Schomburgk	R Hans Schomburgk D Dokumentarfilm

1947

Die große Nummer	O Die große Nummer P Tobis	R Karl Anton D Rudolf Prack
Eine kleine Nachtmusik	O Eine kleine Nachtmusik P Tobis	R Leopold Hainisch D Hannes Stelzer
Fanny Elssler	O Fanny Elssler P Universum Film AG.	R Paul Martin D Lilian Harvey
Gold in New Frisco	O Gold in New Frisco P Bavaria	R Paul Verhoeven D Hans Söhnker
Michelangelo	O Michelangelo P Pandora	R Curt Oertel D Dokumentarfilm
Prinzessin Sissy	O Prinzessin Sissy P Mondial	R Fritz Thiery D Paul Hörbiger
Quax der Bruchpilot	O Quax der Bruchpilot P Terra	R Kurt Hoffmann D Heinz Rühmann

1946

Hampelmann und die Puppenprinzessin	O Hampelmann und die … P Zengerling	
Die kleinen Detektive	O Hue and Cry P Ealing Studios	R Charles Chrichton D Alastair Sim

1944

Der kleine Muck (s/w)	O Der kleine Muck P Sonne-Film	R Franz Fiedler D Gustav Waldan
Der fliegende Koffer	O Der fliegende Koffer P Boehner-Film	D Puppenfilm
Der Lügenbrei	O Der Lügenbrei P Boehner-Film	
Kasper und Seppl im Urwald	O Kasper und Seppl im Urwald P Boehner-Film	D Puppenfilm

1943

Die gestohlenen Hühner	O Die gestohlenen Hühner P Schonger	D Puppenfilm
Kasper: Die gestohlene Großmutter	O Kasper: Die gestohlene … P Förster-Film	D Puppenfilm

Der Kaiser von China	O Der Kaiser von China P Schonger	
Kasper: Die Mondlaterne	O Kasper: Die Mondlaterne P Schonger	D Puppenfilm
Kasper kauft ein Haus	O Kasper kauft ein Haus P Schonger	D Puppenfilm

1942

Armer Hansi	O Armer Hansi	
Die Zauberkiste	O Die Zauberkiste P Schonger	D Puppenfilm
Das tapfere Schneiderlein	O Das tapfere Schneiderlein P Schonger-Film	

1941

Friedemann Bach	O Friedemann Bach P Terra-Film	R Traugott Müller D Gustaf Gründgens
Prinzessin Aschenbrödel	O Cenerentola e il Signora P Arno	R Sergio Tofani D Silvana Jachino

1940

Der standhafte Zinnsoldat	O Der standhafte Zinnsoldat P Schonger	D Puppenfilm
Die verlorene Königskrone	O Die verlorene Königskrone P Schonger	D Puppenfilm
Die verzauberte Prinzessin	O Die verzauberte Prinzessin P Zengerling	R Zengerling D Olaf Bach
Der Froschkönig	O Der Froschkönig P Zengerling	R Zengerling D Paul Walker
Friedrich Schiller – Triumph eines Genies	O F. Schiller – Triumph e. Genies P Tobis-Film	R Herbert Maisch D Heinrich George
Lauter Liebe	O Lauter Liebe P Terra	R Heinz Rühmann D Hertha Feiler
Krambambuli – Geschichte eines Hundes	O Krambambuli – Geschichte … P Wien/Bavaria	R Karl Köstlin D Viktor v. Ballasko

1939

Autobanditen — O Autobanditen — R Erich Engel
P Terra — D Rudolf Fernau

Der Goldschatz der Sioux-Indianer — O Der Goldschatz der Sioux-...
P Schonger — D Puppenfilm

Safari — O Safari — R Wilhelm Eggert
P Wilhelm Eggert — D Dokumentarfilm

Afrika spricht / Deutsche Jugend bei Bengt Berg — O Sehnsucht nach Afrika / ... — R Bengt Berg
P Tobis — D Kulturfilm

Wir fahren nach Amerika — O Wir fahren nach Amerika — R Kurt Engel
P Boehner-Film — D Reisebericht

Frau am Steuer — O Frau am Steuer — R Paul Martin
P UFA — D Lilian Harvey

Der grüne Kaiser — O Der grüne Kaiser — R Paul Mundorf
P UFA — D Gustav Dießl

1938

Harzsymphonie — O Harzsymphonie — R Alfons Zengerling
P Zengerling — D Kulturfilm

Kampf um den Himalaja — O Kampf um den Himalaja — R Peter Müllritter
P Tobis — D Dokumentarfilm

1936

Abenteuer auf dem Meeresgrund — O With Williamson under the Sea

Dornröschen — O Dornröschen — R Zengerling

Das Mädchen Irene — O Das Mädchen Irene — R Reinhold Schuenzel
P UFA — D Lil Dagover

Pat und Patachon als Blinde Passagiere — O Pat und Patachon als Blinde ... — R Fred Sauer
P Majestic — D Pat und Patachon

Pat und Patachon als Mädchenräuber — O Pat und Patachon als ... — R Fred Sauer
P Majestic — D Pat und Patachon

1935

Alles wegen dem Hund	O Das verrückte Testament P Wuellner	R Fred Sauer D Edith Oss
Der gestiefelte Kater	O Der gestiefelte Kater	R Zengerling

1934

Auf den Spuren der Hanse	O Auf den Spuren der Hanse P UFA	R Prof. Walter Hege D Lehrfilm
Schwarzwaldmädel	O Schwarzwaldmädel	
S.O.S. Eisberg	O S.O.S. Eisberg P Deutsche Universal	R Arnold Fanck D Leni Riefenstahl
Aschenbrödel (Stumm + Ton)	O Aschenbrödel	R Zengerling
Brüderchen und Schwesterchen	O Brüderchen und Schwesterchen	R Zengerling
Der Bart des Zauberers	O Der Bart des Zauberers	R Zengerling
Der verzauberte Prinz	O Der verzauberte Prinz	R Zengerling
Die Sterntaler	O Die Sterntaler	R Zengerling
Hänsel und Gretel (Stumm + Ton)	O Hänsel und Gretel	R Zengerling
König Drosselbart (Stumm + Ton)	O König Drosselbart	R Zengerling
Schneewittchen	O Schneewittchen	R Zengerling
Was ist die Welt?	O Was ist die Welt? P Svend Noldan	R Svend Noldan D Dokumentarfilm
Hohe Schule	O Hohe Schule P Tobis	R Erich Engel D Rudolf Forster

Fotonachweis

Axel Springer Verlag AG: 75 u.
Kurt Bauer, München: 63 o.r.
Alex Berliner: 70 u.
Ludwig Binder, Berlin: 39 o.r.
Yves Coatsaliou, Nizza: 68 u.r.
dpa Berlin: 60 o.
Friedhelm von Estorff, Hamburg: 42 o.l.
Erwin Falk, Norderstedt: 72 o.l.
Foto-Richter/James S. André, München: 43 o.
Arthur Grimm, Berlin: 40 u., 43 l. (2. v.o.)
Barbara Jänichen, Berlin: 69 Mitte
Horst Janke, Hamburg: 31 o.
Günter Kambach: 42 u.l.
Max Kohr, Berlin: 60 u.
Krieger: 64 u.
Inge Kundel-Saro, Berlin: 37 u.
Landesbildstelle Berlin: 36 u., 65 Mitte, 72 Mitte l., 76 o., 77 u.r.
Landesbildstelle Wien: 65 o.
Klaus Lehnartz, Berlin: 21, 33 Mitte r., 36 Mitte + o., 37 Mitte l. + o., 42 o.r., 44 Mitte r. + l., 48 u.r., l. (3. v.o.), l. (2. v.o.), l. (2. v.u.), 49 o., 52, 50 u., 53 r., 54 o., 56, 63 r. (2. v.u.), r. (2. v.o.), u., 64 o., 66 u.l., 69 u., 73 Mitte r., 74 u., 77 u.l.
Mario Mach, Berlin: 23, 43 u.l., 54 u.
Hans Ernst Müller, Hamburg: 33 Mitte l.
Bernhard Neubauer, Düsseldorf: 64 Mitte r.
Harald Paulenz: 49 r.
pictures born, Wien: 29
Frank G. Quade, Berlin: 42 l. (2. v.o.)
Erika Rabau, Berlin: 60 o., 74 o.
Report + Studio – Jos. A. Slominski, Essen: 42 r.u.
Peter Rondholz, Berlin: 60 Mitte r. + l.
Richard Schulze-Vorberg, Bonn: 45 o.
Ronald Siemoneit, Berlin: 72 u.l., 76 Mitte r. + l., u.r. + l.
Studio Bulmer, Wangen/Allgäu: 77 o.
teuto press, Bielefeld: 61
Ullstein-Bilderdienst, Berlin: 70 Mitte r.
Vorsatzblatt vorne: Der Anhalter Bahnhof in Berlin 1911, Foto Waldemar Titzenthaler
Vorsatzblatt hinten: Das Jugendfilm-Gebäude in der Reichsstraße, 1994
Alle Plakate und Filmbilder sowie alle sonstigen Fotos: Jugendfilm-Verleih, Berlin
Repros: Gunter Lepkowski, Berlin